[加拿大] 约翰·爱德华兹 著　翟红梅 译

社会语言学

牛津通识读本·

Sociolinguistics

A Very Short Introduction

译林出版社

图书在版编目（CIP）数据

社会语言学 /（加）约翰·爱德华兹（John Edwards）著；翟红梅译. —南京：译林出版社，2024.3
（牛津通识读本）
书名原文：Sociolinguistics: A Very Short Introduction
ISBN 978-7-5447-9921-8

Ⅰ.①社… Ⅱ.①约… ②翟… Ⅲ.①社会语言学 Ⅳ.①H0

中国国家版本馆 CIP 数据核字（2023）第 193738 号

著作权合同登记号 图字：10-2018-429 号

社会语言学 ［加拿大］约翰·爱德华兹 / 著 翟红梅 / 译

责任编辑 许 丹
装帧设计 景秋萍
校　　对 施雨嘉
责任印制 董 虎

原文出版 Oxford University Press, 2013
出版发行 译林出版社
地　　址 南京市湖南路 1 号 A 楼
邮　　箱 yilin@yilin.com
网　　址 www.yilin.com
市场热线 025-86633278
排　　版 南京展望文化发展有限公司
印　　刷 江苏扬中印刷有限公司
开　　本 890 毫米 ×1260 毫米 1/32
印　　张 8.875
插　　页 4
版　　次 2024 年 3 月第 1 版
印　　次 2024 年 3 月第 1 次印刷
书　　号 ISBN 978-7-5447-9921-8
定　　价 39.00 元

序　言

徐大明

2022年11月，OpenAI推出ChatGPT之后，产生了前所未料的轰动效应，许多人认为该聊天机器人所代表的人工智能新技术对人类社会的发展将产生深远的影响。与此同时，ChatGPT类似人类的语言表现也对语言学提出了新的挑战：虽然聊天机器人仍然是人类制造的工具，但它的出现彻底改变了言语互动局限于人与人之间交流的现状，它所依据的大语言模型也与语言学的语法-语义模型大相径庭。目前，关于社会语言学的思考，也许会有助于应对上述的挑战。

一般认为，社会语言学于20世纪60年代产生于美国，于20世纪七八十年代逐步介绍和传播到中国。迄今为止，以"社会语言学"为题的中文书籍已出版了数十部，其中包含了一大批译著，以译自英文的最多，译自法文、日文、俄文等其他语言的也有一些。译林出版社这次引入的《社会语言学》可谓独具特色，不仅因为它是中英对照，更主要的是因为它是"牛津通识读本"系列中的一册。该系列丛书的英文名称是Very Short Introductions

（“短论”），已出的700多种读本的书名一律采取“XYZ：A Very Short Introduction”的统一格式；因此，约翰·爱德华兹这本书的书名原文是“Sociolinguistics: A Very Short Introduction”（“社会语言学短论”）。这次推出的中英对照版《社会语言学》，中文部分和英文部分合在一起不过200余页，不可谓不短；然而，本书系统性地介绍了社会语言学的研究内容、研究路径、已经取得的成果和仍然面对的挑战，充分显示了“牛津通识读本”集权威性和可读性、概括性和前沿性为一体的特点。

什么是社会语言学的研究内容？从本书的内容看，其中包括“语言的社会生活”（第一章），“语言变异与变化”（第二章），“语言态度与语言偏见”（第三章），“语言濒危与语言保护”（第四章），“语言竞争与语言规划”（第五章），“语言忠诚、语言转用、语言复兴”（第六章），“社会多语和双语能力”（第七章），以及“语言与认同”（第八章）。而事实上，约翰·爱德华兹并未完全使用上述的术语来命名这些章节，他采用了一些更亲近通识读者的说法，如“走近术语”（第一章），“语言感知”（第五章），“多语现象”（第七章），以及“姓名、性别和宗教”（第八章）等。

严格来讲，“语言的社会生活”也不是一个完全通用的社会语言学术语，目前在日本和中国学界通行的是“语言生活”，其内涵也不尽相同。爱德华兹的“语言的社会生活”是指语言在社会中受到关注的内容，日本的“语言生活”基本上是指日常生活中的语言使用情况，而中国的“语言生活”则从语言使用扩展到包括语言规划在内的各种与语言相关的活动。虽然各有侧重，但这里包含了一个共同的观点，即，语言作为一个研究对象，不仅包括其内部结构，如语音、语法、词汇等结构系统，还包括一个容纳它们的外框架——用爱德华兹的说法，就是“语言的环境语境”（the environmental contexts of language，第1页）。通过爱德华兹的介绍，我们可以有这样的理解：语言的环境语境是多层次的，其中既包括人际互动的语用语境、社区层面的场合语境，还包括经济社会中的各种组织机构对语言的影响和控制，等等。所有这些，我们可以把它们纳入一个系统，叫作“社会语境系统”。社会语言学研究的，可以说就是语言的“社会语境系统”。

社会公众所关注的语言现象，是社会语言学的研究对象，包括“语音、语法和词汇”，也包括“语言、方言及口音”等进入公众话语的其他概念；社会语言学不仅要客观地描写，同时也要透彻地解释这些内容。与此同时，社会公众尚未关注的语言现象或话题，仍然可能是属于“社会语境系统”的内容，例如，语言的“工具性和象征性”在不同层次的社会语境中的体现，包括语言变异的交际功能、言语社区的语境系统等，也是社会语言学的研究对象。

爱德华兹指出，语言变异与变化的研究是社会语言学的核心内容。历史语言学和社会语言学都提供了充足的证据，语言从来都是处于变化过程当中的，但是语言使用者对一些语言变异现象却可能更敏感，因为变化的过程往往需要几代人来完成，超越了个体的观察视角。然而，社会语言学家威廉·拉波夫创造了观察“进行中的变化”的研究方法，突破了20世纪语言学通行的个体观察、主观判断的研究范式。此外，如社会语言学家约翰·甘柏兹所指出，语言变异是言语社区成员的交际资源，具有“语境化提示”功能。言语社区的成员可能没有注意到整个社区的动态趋势（即“语言变化”）；但是，标示着社区内的群体之间的相对差异（即“语言变异”）则是重要的语境元素，说话人和听话人依据这些元素做出语境解读，才能完成对语境中的话语的释义；社区成员所掌握的语言变异的知识构成了他们的“交际能力”的一部分，或者更具体地说，是说话人的“语境化”能力的一部分。

语境化能力是人类语言的基本特征，也是一个动态特征。因此，社会语言学家对语言变化的解释是“言语社区的动态过程的体现”，对语言变异的解释是“言语社区内部结构的稳态体现”。这里应用了中国语言学家张普所提出的“静态/动态/稳态”理论框架，同时发展了美国语言学家莱昂纳德·布龙菲尔德自20世纪30年代开始的对“言语社区”的系统性的研究。

在传统社会中，由于地理上的阻隔构成的较为狭小的人类活动区域，言语互动只能在比较有限的范围内开展，因此形成了许许多多封闭性的小社区。现代社会中，不仅许多之前的小社区融合为较大的社区，而且，社会生活的多元化也带来了言语互动的不同场合和领域。因此，言语社区可以定义为“一个具有共同的语言生活的说话人群体”。而所谓“语言生活”包含了一系列不同的语言使用的场合和场景，言语社区的成员对此有着相同或相似的理解，所以，“言语社区”又可以定义为“一个共享语境知识的说话人群体”。

类似ChatGPT这样的聊天机器人，之所以能够达到当前的水平，最重要的是，它突破了之前的自然语言处理模型缺乏语境标记的局限。当前的模型，不仅根据文本的上下文语境，也根据应用场景语境，并且收集和判断对话人身份信息来确定互动语境，来理解和生成文本。通过深度学习的技术，大语言模型在社区言语互动中所产生的大量语言数据中抽取了多层次的语境预测框架，在此基础上，依据人类语境知识再做进一步的调试，才使得聊天机器人能够通过“图灵测试”，似乎具备了人类的语言能力。而其中的关键，恰恰是补充了之前的模型当中所缺乏的社区语境知识和对人类语境化能力的模拟。

社会语言学家的一种共识是，语言有沟通和认同的双重功能和价值。然而，如爱德华兹所指出，在现实的语言使用中，这两种功能和价值的实现往往不是完全对等的；有时前者重于后者，有时后者压倒前者。爱德华兹所引用的圣经故事中，“示播列”（shibboleth）一词的使用，不是用来传达方言中的“河流”的词汇意义，而是用来鉴别社区成员身份的测试，传达的不是话语本身的意义，而是关于说话人的身份的信息。而一些少数民族社区成员积极地维护、保护或复兴其原有的社区语言，也是在强调其“语言身份”或“语言认同”。

如爱德华兹所指出，个体说话人对不同语言变体（语言、方言、口音等）的感知构成了其“语言态度”的基础，其中不乏误解和偏见，以及社会不平等在语言使用中的体现。然而，由个体说话人组成的群体往往有相似的言语互动的经验，因此也形成了群体的语言态度，而且可以扩展到社区的层次。“语言忠诚”就是一种言语社区现象，其社区成员不仅有高度的语言意识，而且有“语言保护”的主体意识。

20世纪末以来，语言学界内外都提出了“语言濒危”和“语言保护”的话题，其主流观点是，人类语言多样性是人类文化多样性的体现，因此保护世界现存的所有语言就是维护人类文化的多样性，有利于人类的可持续发展。与此同时，语言保护和复兴的活动在保护少数民族群体的基本权益方面也发挥了积极的作用。一些专注于语言结构多样性研究的学者甚至表达了对语言多样性消失带来的研究对象减少的担忧。然而，也有一些反对的声音，包括认为语言多样性并不等同于当前的世界语言的观点，还包括认为“语言濒危”是个伪命题的说法，等等。爱德华兹作为一个具有丰富的少数民族社区和语言规划经验的学者，一方面保持了对少数民族群体的人文关怀，同时也站在社会科学的中立立场，表达了一些“社会语言学”的观点。

爱德华兹指出，现代生态学视角被浪漫化了，这在语言生态学研究中有突出的表现，他写道：“那些对生态语言学感兴趣的人经常指责人类破坏生态平衡的行为。然而，在什么领域，人类的‘干涉’没有改变事物呢？哪些社会领域可能会没有这样的行为呢？”（61页）“保护动植物非常困难，但是只要有足够的决心，我们就可以实施某种程度的控制，而这种控制在人类文化和语言中只有实施独裁的强加行为才有可能实现。”（61页）

人类有了语言，才有可能实现人类社会高度复杂的组织和合作机制。虽然多数语言学家接受人类语言起源的“单源说”，迄今发现的却是7000多种互不相同的语言。而且，据估计，曾经存在过的语言可能多达几十万种。作为文化的表现形式，包括已消失和现存的不同的语言各有其文化价值。然而，语言的活力来源于言语社区，如果一个言语社区已经解体，产自该社区的语言则失去根基，其前景是，或者再植根于一个不同社区，或者成为一个语言标本保存下来，或者不留痕迹地消失。如爱德华兹所指出，文化和语言的静态平衡难以实现，文化在发展变化，语言不一定同步变化，人为地改变语言或其环境，达到某种平衡也只能是一个暂时的状态。语言与其环境的互动是个常态，语言生态也只能是一种动态的均衡。

社会语言学的研究范围和研究内容十分广泛，不可能由一个“短论”的篇幅来囊括。然而，通过一个“社会语境”的视角，把“语言变异”“语言态度”“语言认同”“社会多语”“语言规划”“语言保护”等多方面的内容纳入同一个叙事系统，可以对社会语言学产生全方位的理解，这是本书的特色和优点。

爱德华兹为通识读本所做的“可读性”的努力，包括应用日常生活中言语交流的例子的说明，以及对历史和现实中的重要语言文化现象的解读。不可避免的是，这些往往局限于一般英文读者所熟悉的内容。然而，许多英文读者具有的语言文化背景知识，却是一般中文读者所缺乏的。对于中文读者来说，如果具有一定的社会语言学基础或关于英文国家的文化知识，可能会有更好的阅读体验：对于前者来说，已有的社会语言学知识可以使其“对号入座”地吸取其跨文化内涵；对于后者来说，可以增强对于已知的语言文化现象的社会科学的认识，即使不再深入到研究层次，也提升了文化素养，避免了许多世俗社会的语言偏见。

2023年12月25日

于清水湾

献给挚爱的多伦和欧辛·奥·西奥克鲁夫妇

目 录

致　谢

本书借鉴了许多同事的研究成果，其中，保兰·吉特、塔赫格·希法宁、热纳瓦·史密瑟曼和罗伯特·泽克为我提供了直接帮助。

第一章

走近术语

语言习得不能仅仅基于后天经验来解释，人类肯定已从基因层面为语言学习做好了准备，或者安装好了“预接线”。既然认为法国和芬兰出生的孩子进化线路不同这一想法愚蠢，那么在世界所有的语言社区中，大脑一定做好了相同的“准备”。这就意味着，在某些本质层面上，所有语言可能均如出一辙。语言学和哲学、心理学及认识论互相交织。诺姆·乔姆斯基是这一观点最重要的倡导者。当然，所有语言在更直观的层面上均不相似，这意味着语言学家还需要关注单词结构（形态学）或短语结构（句法），关注意义（语义学）、语音（音系学）和词汇（词汇学）。实际上，环境的“塑造”引导着人们从相同的语言学习基因走向不同特定语言的学习，而语言学家的工作便是将这种“塑造”具象化。

语言最显而易见的部分是其环境语境。所谓“语言的社会生活”，一直广受各类群体关注。其核心是语言和身份之间的关系，该关系所引发的结果总是非常有趣，有时甚至颇具戏剧 1

性。例如，现代社会来临的一千年之前，一些以法莲人战败后企图假以基列人的身份穿过约旦河回到故乡，却因他们无法按基列人的发音方式说出“shibboleth”（“示播列”）一词而被识破①。《士师记》第12章第6节中，当冒充者“咬不真字音……基列人就将他拿住，杀在约旦河的渡口”（钦定版《圣经》）。普布里乌斯·西鲁斯说得更笼统、更平和：“语言是灵魂的镜子。”他曾是奴隶，后来成了著名的罗马警句大师。17世纪，约翰·洛克写道，语言是社会的“伟大工具和共同纽带”。20世纪，语言学家爱德华·萨丕尔认为语言只是人类最本质的核心。语言既具有普通的交际功能，又是人类关系的最直接的象征标志，因此，语言在很大程度上是一种社会现象。

对社会语言学和语言社会学的学术探讨可追溯至19世纪，但毫无疑问，相关探讨此前就早已存在。不过，今天使用的术语相对出现得较晚。20世纪30年代，日本学者提出要将社会学和语言学结合起来；1939年，剑桥大学人类学家托马斯·霍德森才明确引入“社会语言学”（sociolinguistics）一词，然而开启其现代研究的标志则出现在1952年。

同年，休斯敦市一位英语助理教授援引H. L.门肯所著《美国语言》，指出社会语言学大受欢迎并不表明公众广泛关注语言或语言学本身；相反，对很多人而言，社会语言学可引发“社交满足或社交烦恼”。哈弗·柯里指出，语言的社会性方面引发

① “shibboleth”（“示播列”）一词源自希伯来语，意为“谷穗”或“河流”。根据《圣经》记载，以法莲人口音模糊不清，发不出“示”字音（sh /ʃ/），他们常常将“示”发成“斯”（s /s/）音，所以说不出“示播列”，只能将其说成“斯播列”。耶弗他率领基列人击败以法莲人时，其士兵曾用能否说出“示播列”一词来识别以法莲人。后来，“示播列”一语成为喻词，用来识别某党某派之人。（除非另有说明，本书脚注均为译者注。）

了门肯读者的兴趣，并已受到美国学术界的关注，但他悲叹美国在“民间”言语或“通用”言语研究上落后于欧洲。在不知霍德森已创新词的情况下，柯里认为一个名为“社会语言学”（socio-linguistics）的学术领域可致力于研究语言和社会的相互作用。2
他认为，社会地位是特别有趣的变量；这预示着，从少数群体与多数群体的关系到感知不同方言的方式，再到亲属称谓和礼貌用语等领域均需要投入大量工作。例如，如果语言和方言可以因说话者的地位不同而具有高低不同的声望，那么很显然，个人可能会被赋予不同的头衔（博士、先生、女士），并且称呼的正式程度也可以不同（约翰、史密斯教授）。正式性也体现在不同的人称代词上：法语中的*tu*或*vous*，德语中的*du*或*Sie*，西班牙语中的*tú*或*usted*均体现了这一点。英语中早期的thou（汝）和you（你）之别已不存在，但确实保留了“royal *we*”①（寡人）这一过去用于指称皇家个体的复数表达形式，它通常是第二人称代词“敬语”变体的基础。

与社会语言学一样，语言社会学和语言社会心理学也关注语言与社会的相互交织。有人认为，社会语言学主要聚焦于不同社会语境下的语言变异，而从语言学的角度来看，另外两个术语则表明其重点关注的是行为和语境。另一些人则认为，社会语言学本质上是对说话者语言选择的研究；若如此，行为和语境间的相互影响就会立即显现出来。显然，语境会影响语言的选择：当与配偶、孩子、宠物、牧师、医生、酒吧里的朋友等交谈时，我们会从交际语库中做出不同的选择。但与此同时，语言变异

① 原文应该是royal“we”。参阅https://grammarist.com/usage/royal-we/。

也是说话者感知特定环境的重要指标，因而甚至可能会起到改变他们社会心理基调的作用。两者更深层次的区别是，社会语言学对微观层面的事物比对宏观层面的事物更有兴趣。

此处不仅对术语和它们之间的区别处理得颇为松散（有时
3 是在同一研究范围内），而且还存在着研究语言与社会关系更为具体的研究方向，其中包括应用语言学、教育语言学、人类语言学、地理语言学和民族语言学。这些更为细化的研究方向和视角是根据语境和意图来运用的。试图沿着这些思路进行进一步描述，收获可能不大，我们最好是认识到，在语言学范围之外，还有一组相关但通常相对独立的方法，可以将社会和语言放在一起研究。

最后说明四点。第一，本书做的不是历史社会语言学研究，但读者会发现书中援引了大量历史典故和例子，旨在提醒我们，早在当下的现代术语广为使用之前，人们就一直密切关注语言的社会生活。第二，在讨论语言和语族时，我没有按照需要，把small（小）、big（大）和large（巨大）等单词加上引号。这些单词表示的是语言的相对范围和相对优势，而不是该言语社区的实际规模。更为重要的是，它们没有隐含任何价值判断。第三，本书多用multilingualism（多语现象）代替bilingualism（双语现象）（例如，在考虑不同维度的流利程度时），单独使用后一个术语只是为了表达简洁，避免重复。第四，为更好地服务读者，书中字母和发音的呈现方式不同于惯用的专业术语。

语言、方言及口音

在某些学术领域，否认存在多种语言，至少是作为“可分离和可列举的类别”而存在，已然蔚然成风。语言是社会结构或发明，在群体和个人使用上均有所不同。各种语言之间有重叠，它们通常缺乏清晰的边界，且交际语库是动态而非一成不变的。事实上，在**个人方言**（idiolect）层面，我们中没有两个人是完全相同的。不过，就所有寻常的目的和意图而言，确实**存在**不同的 4
语言，而且它们内部也**存在**不同的变体。

非人类的交流系统引起很多有趣的争论。将一些灵长类动物、蜜蜂、海豚和鲸鱼之间的交流称为“语言”正确吗？还是说语言是人类社会所特有的？无论首选答案是什么，没有人会否认，人类语言无疑是所有媒介中最复杂的。它不像其他非人类系统那样，仅仅反映对即时刺激所做出的本能的、基本不变的反应。相反，我们可以讨论过去和未来的事件，我们可以思考从未存在过，也永远不会存在的事物。这种细微差别是合理的，这是因为语言社区的所有成员首先就事物的意义达成一致，而这些意义选择本身就充满了任意性。无论是table的发音，还是它在纸张上的书写形式，均没有任何内在的东西能让人联想起熟悉的含义。它在英语中“行得通”，但在德语或日语中却行不通，因为在德语或日语中，语言社区已为同一概念赋予了不同的声音和符号。

其次，我们一致认同某些规则——某一语言的语法——而这些规则又是完全任意的。有了一组元素（词或词的组成部分）和一个规范它们组合的系统，就出现了一种或多或少具有无限创造力的语言。只要稍加思考，我们几乎所有人都有可能想出一个以前或许从未说过或写过的句子；并且只要对要素和规则有合理认知，我们就应该能解读其含义。这一认知也让我们能够区分那些无意义但符合语法规则的句子（“Colorless green ideas sleep furiously”）和那些既无意义又不符合语法规则的句子（“Furiously sleep ideas green colorless”）。我们还要注意，那些毫无意义但合乎语法的表达可能在一种语言中“行得通”，但在另一种语言中却行不通，例如“’Twas brillig and the slithy toves”在**英语**中是胡言乱语，而且Jabberwocky必须被彻彻底底地改写——正如我们所做的那样——把它改成德语的*Das Jammerwoch*或法语的*Le Jaseroque*。[①]

所有这些均表明人类拥有强大而微妙的语言能力。长期以来，路德维希·维特根斯坦（哲学家）、奥托·耶斯佩森（语言学家）和夏尔–莫里斯·德·塔列朗（政治家）等各种不同类别的研究者均指出，语言的核心特征是讲故事的能力，是隐藏而非揭露的能力，是虚构和说谎的能力。

大多数语言均有若干亲系旁支，它们具有共同的语系特征。然而，即使交流者说的是两种关系密切的语言，如西班牙语和意大利语，他们也不能指望彼此能完全相互理解，而且这种相互的不可理解性明显随着语言距离的增加而增强。的确，人们通常认为芬兰语和海达语[②]之间没有相似之处。而方言作为同一语言之下的亚变体，虽然在词汇、语法和语音三个维度上彼此不同，但仍被正式定义为相互可理解的变体。一些英语方言说**沏**（brew）茶，而其他方言则说将茶mash（捣碎），或sit（静

---

① *Das Jammerwoch*和*Le Jaseroque*是英语词语Jabberwocky的德语和法语对应词。Jabberwocky意为“无聊、无意义的话”，是刘易斯·卡罗尔的自创词，首见于其儿童文学作品《爱丽丝镜中奇遇记》中。本句中的诗句选自此书中的胡言诗*Jabberwocky*，诗中大部分词语为卡罗尔自创，没有明确含义。

② 北美印第安人海达族的语言。

图1　约翰·坦尼尔爵士为刘易斯·卡罗尔的作品《爱丽丝镜中奇遇记》(1871) 绘制了这幅插图。它展示了卡罗尔著名的胡言诗《隐语重重》(*Jabberwocky*) 中描述的怪物　6

置），或steep（浸泡）。或者，煎锅（frying-pans）会说成skillets，奶昔（milk shakes）会说成frappes甚至是cabinets。几乎无人会否认这些词汇变体除了彼此不同之外还有别的什么不同，或者会断言用bonnet比用hood更好，或boot比trunk更有意义，tube比subway更合适。[当然，英美两种语言变体间的简单翻译并不能穷尽其复杂性。像美国人一样，英国人有trunks，但不在汽车上①；英国人的汽车有hoods（折叠式车篷），但不是美式英语里的引擎罩②；没有汽车的美国人可以乘坐subway（地铁），而英国人只能步行穿过subway（地下行人隧道）。]

然而，谈及语法变化时，许多人就不那么宽容了，例如，当他们听到有人说："I done it yesterday"（我昨天做的），"I ain't never goin' there again"（我再也不会去那里了），或者"I ax Billy can he play tomorrow"（我问比利他明天能玩吗）。事实上，有充分的学术证据表明，**所有**方言均是有效的交际系统，而且本质
7 上，它们并无好坏之分。认为每一群说话者均有一个交际系统，该系统能够精准地为他们服务，满足他们所处社会环境的需要而不产生歧义，这合乎逻辑。而认为有些群体没有这样的系统也能正常交流，那就不合逻辑了。因此，所有方言的使用者均能正确地说着方言。衡量正确性的唯一恰当标准是社区规范。出现问题的原因是，并非所有社区和方言具有同等的社会影响力，因为当权者的语言标准占据主导地位，而社会主导地位（在语言或其他方面均是如此）会让差异被视同为缺陷。

最后，谈谈方言及其假定的相互可理解性。切萨皮克湾丹

① 美式英语中，trunk有"汽车后备箱"之义，英式英语的对应词为boot。

② 汽车引擎罩，英式英语用bonnet，美式英语用hood。

吉尔岛的居民说的当然是英语，但美洲大陆的居民几乎听不懂他们说的方言。在大洋彼岸，英语电视节目《再见，哥们》[①]很受欢迎，该节目描述了一群失业泥瓦匠的冒险经历，其中一两个操着过于浓重的泰恩赛德口音——泰恩河畔纽卡斯尔工人阶级使用的方言——以至于英格兰南部观众给报社写信要求为节目配上字幕。事实上，我们中的大多数人均遭遇过无法理解自己所说语言的变体的情况。

罗伯特·彭斯以善用苏格兰语写作而闻名，苏格兰语也被称为“宽苏格兰语”或“低地苏格兰语”。下文诗节选自其1788年创作的《往昔的时光》[②]，诗歌脍炙人口，新年前夕（苏格兰语为Hogmanay）在全世界广为传唱：

We twa hae run about the braes;
And pu’d the gowans fine;
But we’ve wander’d mony a weary fit,
Sin’ auld lang syne.

我们曾遨游山岗；
到处将野花拜访；
但以后走上疲惫的旅程，
逝去了往昔的时光。

---

① *Auf Wiedersehen, Pet*（1983—2004）（《再见，哥们》）是英国BBC喜剧电视节目。“Auf Wiedersehen”是德语，意为“再见”；“Pet”是英国北部纽卡斯尔地区的土话，相当于“mate”，可译为“哥们”。

② 该苏格兰民歌又可译为“友谊地久天长”，此处为和下文诗行译文照应，选用“往昔的时光”这一译法。

彭斯去世几个世纪后，我访问了爱丁堡市，去了“好滋味”
8 印度餐馆，餐馆菜单开头写道：

> We’re gaunae wheech ye aff for a whilie—aff tae yer ain pairt o India, whaur ye’ll eat thae dishes that maist fowk in India eats. Tho Britain is hoatchin wi “curry shops” the day, in Scotland we’re skiffin the surface yet ...
>
> （我们将要带您进行一次短暂的印度时空之旅，您即将品尝到最地道的印度美食。虽然如今英国已有不少印度餐馆，但在苏格兰我们算是头一个……）

提供的食物包括：薄脆印度圆面包（普通口味或辛辣口味）；印度菠菜汁鸡（鸡肉块拌上由菠菜、青瓜、绿色香草和一种上好香料调制成的酱料）；还有马萨拉咖喱鸡（在英国，几乎没人不爱马萨拉咖喱鸡这道菜，如今各位终于也可以在苏格兰的“好滋味”餐馆品尝它了）。[①]读者可能会问，优质的苏格兰语是一种英语方言，还是另外一种不同的语言。

最后，我们假设有A、B、C、D四个方言社区。假设A区和B区的人很容易相互理解，A区和C区的人交流相当困难，而A区和D区的人根本无法交流。这是否意味着A区和D区实际上有着不同的语言？那些不知道B区和C区方言存在的人，这样想情有可原，但是倘若知道这是一个完整的语言连续体，他们可能就不会这样想了。语言学家、意第绪语学家马克斯·魏因赖希

① 括号内注释原文均为苏格兰语，见对应英文原文。——编注

提出，“语言是一种拥有陆军和海军的方言”，这阐明了语言和方言之间又一令人困惑之处。说挪威语和丹麦语的人可以很好地相互理解，瑞典语或许也可以，但是，政治身份的需要要求他们的语言必须具有各自的特征。类似情况也适用于印地语和乌尔都语，捷克语和斯洛伐克语，以及其他两种一对或三种一组的语言。

塞尔维亚-克罗地亚语的故事是一个以身份名义进行社会干预的例子，这个例子非常恰当。该语言不仅是塞尔维亚人和克罗地亚人的通用语言，也是波斯尼亚人和黑山人的通用语言。固然有内部变异、压力和抱怨，但是人们依然广泛使用和接受了该种语言。随着南斯拉夫的解体，塞尔维亚-克罗地亚语失去了官方存在的基础，取而代之的是波斯尼亚语、塞尔维亚语和克罗 9
地亚语。在塞尔维亚，实际上并没有发生什么；的确，早先存在抱怨，其一就是，作为一种媒介，这种语言无论如何太过“塞尔维亚化”了。在波斯尼亚，官方已经采取行动来强调阿拉伯语和土耳其语的特点，但基本语法和词汇几乎没有受到影响。不过，在克罗地亚，官方除了发表象征性声明之外，还努力尝试在曾经只存在一种语言的地方采用两种语言，因此便聘用学者去设置沟通障碍，以实现排他性的群体团结。

方言内部，在口音或发音层面也存在着多种重要的变体和观念，其他一些诸如风格、语域、俚语和行话等语言内部差异，将在本书后面章节中探讨。

工具与象征

语言及其亚变体的交际功能并没有穷尽其重要性。语言也是有效的边界标记，突出并标记特定的社会成员：语言是群体身份的象征。如果所在社区的语言是当前“广泛交流的语言”之一，如英语、西班牙语、汉语和阿拉伯语，可能人们就不会过多思考这个问题。对于这些语言使用者来说，语言的交际功能和象征功能完全一致，日常生活用语也是记录该群体传统、历史和文学的语言。然而，那些母语是较小语种的人往往发现他们的母语或祖先的语言越来越成为一种象征性的媒介。生活的象征价值仍然在自我认知中发挥着重要作用；事实上，正是由于缺乏有形或可见的物质，才使它们具有力量和持久力。不过，尽管在部分或全部丧失其世俗工具性之后，语言在心理上的重要地位仍可长期存在，但语言的象征地位来自日常的方言使用，反之则不然。放弃一种语言的日常交际功能，最终必然导致其象征意义的淡化和最终消亡。

语　系

人类语言是如何产生的？语言是只有一个原始起源（**单源论**），还是多种语言几乎同时出现在不同地方（**多源论**）？若我们把这些问题同我们对世界现存的五千种语言的了解结合起来，考虑到这些语言汇集在多达两三百种语系中，并且认识到这些语系可以组成更大的语族，那么语言学的原始分支学说则会显得更具逻辑性，即使这些只是在理论上为这一学说提供了支持。确凿的资料会随着时间推移而消失，即使是当代的语言关系也不总是非常清晰。有些学者认为某种语言是一个独立的语系，而另一些学者则认为这种语言是现有语族的一个巨大分支，这就解释了为什么对语系数量的估计存在着很大差异。

有些人可能认为，研究语言分类和语系只是狭隘的语言学兴趣，并没有得到更多的“社会”关注。常规统计和特例统计数据均表明这种观点是错误的。语系分类相关知识的不断增加有赖于学术上的三角测量法。该方法将语言模式和语言相似性的证据与考古、历史和遗传信息相结合，为过去和现在的社区描绘出一幅翔实的**社会**图景。本书第八章会更为具体地展示，历史上语言及语言间可能存在的关系是如何在一些最深刻的宗教问题中占据重要地位的。

1784年，威廉·琼斯爵士（人称“东方”琼斯）在一次孟加拉亚洲学会的演讲中提出了语系的“学术身份证”概念，指出梵语、希腊语和拉丁语之间有着很强的亲缘关系。而当时，关于语系的猜测已经在国外流传一个多世纪了。琼斯的一位传记作者将其称为“现代语言学之父”，虽然这可能过于赞誉，但琼斯显然是最早研究历史比较语言学的学者之一。他将拉丁语和希腊语描述为拥有共同“父母”的“姐妹”，这标志着人们开始认真关注即将被称为“印欧语系”的各种语言，并将关注扩大至超越地理邻近语言变体的跨语言比较。然而，这项研究花了一段时间才准备就绪。19世纪，雅各布·格林、弗兰茨·葆朴、拉斯穆斯·拉斯克和其他欧洲大陆学者的研究为其提供了最初的坚实依据。达尔文时代，语言分类的历史方法非常具有吸引力；因此，就像早期将语言类比成草本植物和兽类一样，语系逐渐被理解为进化发展的产物和映象。除了印欧语系之外，其他重要语系还包括南岛语系、尼日尔-刚果语系、亚非语系和汉藏语系。印欧语系包含450种语言，使用人数最多（约25亿），但尼日尔-刚果语系和南岛语系（使用人数均约为3.5亿）则显示出更大的语言多样性：前者包含1 500余种语言，后者包含近1 300种语言。

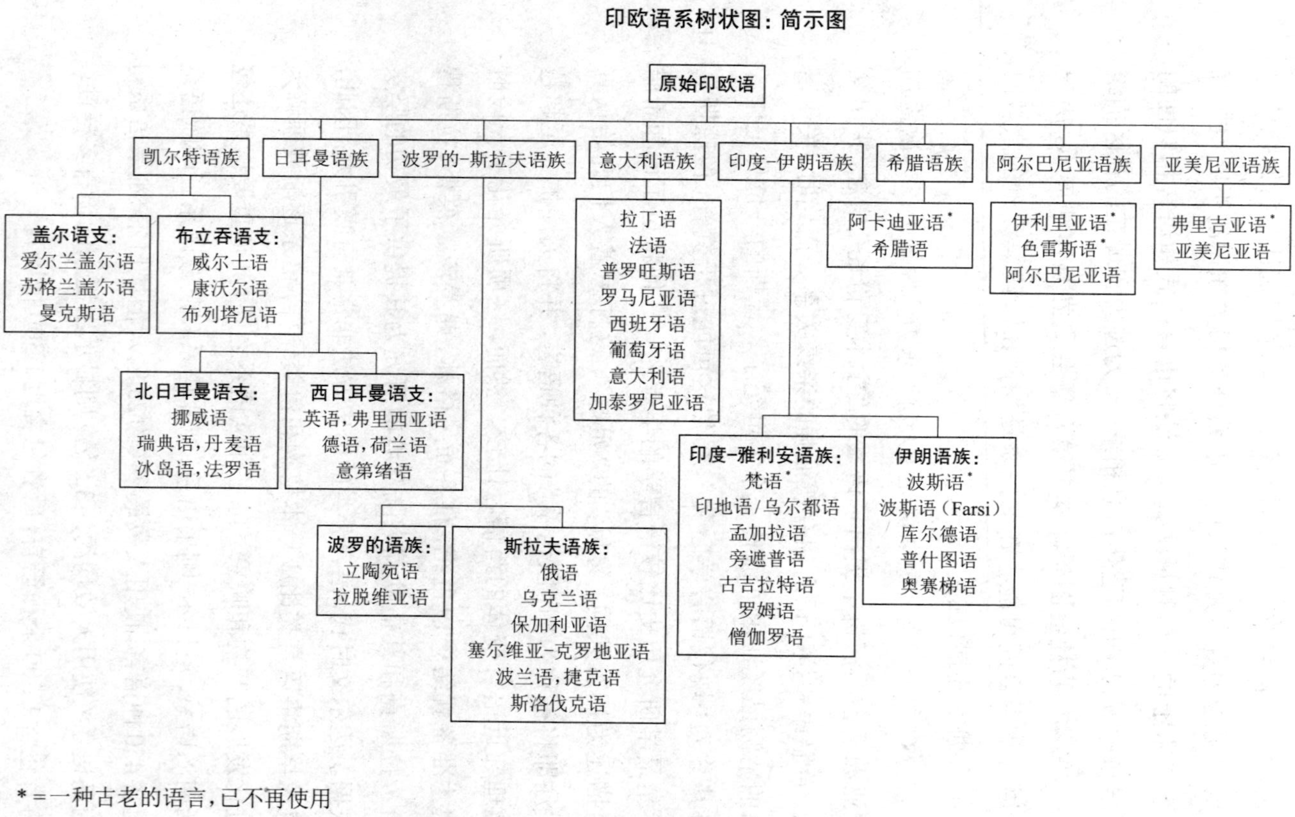

图2　印欧语系有很多分支。此图只展示了一些比较重要的语言，但足以揭示该族群语言的巨大多样性

方框A

威廉·琼斯爵士论梵语，1784年

梵语，尽管非常古老，但其结构令人惊叹。它比希腊语更为完美，比拉丁语更为丰富，比这两者均更为精致。但是，梵语与它们在动词词根和语法形式方面均非常相似，这绝非偶然。这种相似非常显著，以致任何一个考察这三种语言的语言学家都会认为它们同出一源，尽管这个源头可能早已不复存在。 12

一些被称为“孤立语”的语言无法进行语系分类。毫无疑问，那些仅因古典文献引用而为人所知的语言就属于此类，如古老的卡帕多西亚语、比提尼亚语和庞蒂克语。但是，现代的巴斯克语也是孤立语，人们认为它是前印欧语系的遗存。另一个例子是阿伊努语，它是日本一个群体的语言，这些人外表长得并不像日本人。不列颠哥伦比亚省的萨利希语和库特奈语也是如此。此外，还有纽芬兰现已消失的比沃苏克语，这个语言群体惨遭欧洲人无情的屠戮——有时来自大陆的印度雇佣军也来添上一刀——最后一位说比沃苏克语的人已于1829年病逝于圣约翰斯市。具有讽刺意味的是，正是这个民族开创了“红色印第安人”这个通称：15世纪末，约翰·卡伯特（乔瓦尼·卡博托）第一次接触说比沃苏克语的人时，注意到他们习惯用红赭石擦身，并对此做了相关报道。 14

第二章

变异与变化

变异是唯一的语言常量。本质上，社会语言学研究的是语言与社会之间的关系，因此，语言变异研究是其核心内容：这些研究通过阐明所有自然语言所承袭的变化，使我们更为细致地理解语言和社会之间的关系。说英语的人曾把knave（[neɪv]）、knight（[naɪt]）、gnaw（[nɔː]）等单词中的"k"和"g"音以及sword（[sɔːd]）和lamb（[læm]）等单词中的"w"和"b"音发出来。为什么现在不发这些音了？如果变化意味着交流可能受损或者变得不完美，那为什么会发生这种变化？古今对相互接触的语言和文化的深入了解，说明这种变化不是随机发生的，这可以回答上述问题。

除了发音，语法和词汇也会随着时间的推移而改变，它们的共同演变会使我们自己的语言变得陌生。《贝奥武夫》是古英语文学的经典诗歌，大约在公元1000年用西撒克逊方言写成。诗歌开篇首句为：

Hwæt. We Gardena in geardagum,
þeodcyninga, þrym gefrunon,
hu ða æþelingas ellen fremedon.

下文是该句的两个现代英语译文：第一个由迈克尔·亚历山大翻译（1973），第二个由谢默斯·希尼翻译（2000）。 15

Attend!
We have heard of the thriving of the throne of Denmark,
how the folk-kings flourished in former days,
how those royal athelings earned that glory.
（听着！
我们听说过丹麦王权的兴盛，
听说过民间国王如何健康幸福，
听说过那些皇家贵族如何赢得那份荣耀。）

So. The Spear-Danes in days gone by
and the kings who ruled them had courage and greatness.
We have heard of those princes' heroic campaigns.
（的确如此。昔日的持矛丹麦人
和统治他们的国王勇敢而伟大。
我们听说过那些王子的英雄战绩。）

显然，原文给现代英语使用者造成了困难；除此之外，这段文字还体现了正字法的变化。从原文中，我们看到古英语字母

“þ”和“ð”（两者发音均类似于现在的“th”），还有两个字母连接而成的“æ”（正式说法为“连字”）。这些字母在现代英语中已不复存在，连字也越来越罕见。但是，这三种字母仍然存在于其他语言的字母表中，尤其是在现代冰岛语中。这两个现代译文表明，任何简单的逐字逐句翻译方法均存在不足；它们也揭示了同一原文的多个译文可能会存在差异。

在古英语（约450—1100）到中古英语（约1100—1500）的过渡时期，你会发现一首著名的轮唱曲；该曲大约写于1250年，是现今比较容易阅读的最早作品之一。（原作中出现了字母“ſ”和刺形符“þ”。）下文是轮唱曲的第一节：

Svmer is icumen in,
Lhude ſing cuccu.
Groweþ ſed and bloweþ med
And ſpringþ þe wde [“wode” or “wude”] nu
Sing cuccu.

译成现代英语：

Summer is here.
16 Sing loudly, cuckoo.
The seed is sprouting and the meadows are blooming,
And the woods spring into life.
Sing, cuckoo!
（夏天到了。

大声歌唱吧，布谷鸟。
种子在发芽，草地在开花。
林子里生机盎然。
歌唱吧，布谷鸟！）

乔叟的《坎特伯雷故事集》（约1390）也创作于中古英语时期。序言开篇写道：

Whan that aprill with his shoures soote
The droghte of march hath perced to the roote,
And bathed every veyne in swich licour
Of which vertu engendred is the flour;
（夏雨给大地带来了喜悦，
送走了土壤干裂的三月，
沐浴着草木的丝丝经络，
顿时百花盛开，生机勃勃。）

此外，尽管乔叟作品的“双语”版本仍然十分常见，但现代读者能够理解上文原作的大部分内容。

莎士比亚和狄更斯的作品分别为早期现代英语（1500—1750）和现代英语（始于1750）的研究提供了范例。这里，首先是罗密欧在《罗密欧与朱丽叶》第一版对开本（第1幕第4场）中说的几句台词：

A Torch for me, let wantons light of heart

Tickle the ſenceleſſe ruſhes with their heeles:
For I am prouerb'd with a Grandſier Phraſe,
Ile be a Candle-holder and looke on,
The game was nere ſo faire, and I am done.
（拿一个火炬给我。
让那些无忧无虑的公子哥儿们去卖弄他们的舞步吧：
莫怪我说句老气横秋的话，
我对于这种玩意儿实在敬谢不敏，
还是做个壁上旁观的人吧。）

（这里也保留了“ſ”，第三行用“u”代替了“v”。）这其中，可能除了grandsier（即grandfather或ancestor，祖父或祖先）之外，并没有其他难以理解的词汇。尽管如此，现今许多读者至少需要些许帮助才能理解这段文字。

最后，即使是一直以来备受现代电视剧青睐的狄更斯作品，
17 也给当代读者带来了些许阅读障碍。下面两段摘自《大卫·科波菲尔》（1849—1850年出版）：

The conflicting interests of these touting gentlemen being of a nature to irritate their feelings, personal collisions took place; and the Commons was even scandalised by our principal inveigler (who had formerly been in the wine trade, and afterwards in the sworn brokery line) ...

In pursuance of my intention of referring to my own fictions only when their course should incidentally connect itself with the progress of my story, I do not enter on the aspirations, the delights, anxieties and triumphs of my art.

（这些拉生意的先生们利益冲突，彼此产生恶感，大打出手的事便随之而来。我们有一个主要的拉生意的人，原先经营酒业，后来当了宣誓经纪人，他甚至影响了协会的声誉……

我的主张是，只有在我的传记提到我的创作历程时，我才谈到我的小说，所以我不讲述我的文学抱负、由其而产生的种种快乐和忧伤，以及在这方面的成功。）

从贝奥武夫到乔叟再到狄更斯：这里描述了难度逐步变化的过程。我和我的大学生们经过几年研究后证实了这一过程。其间，我让他们了解了一定的语境，当然，也将“þ”、“ð”和“ſ”的相关信息告知了他们。当我们读到狄更斯作品时，词汇问题已经减少了，但文体障碍依然存在。在中学和大学的英语课上，狄更斯作品逐渐减少，其早期作品可能也很快需要翻译或注释来帮助理解了。

我们根据书面和印刷文本来追踪语法和词汇随着时间变化的规律（当然，这些文本数量总是不够多）。然而，对于过去的发音变化，没有直接的数据记录，也没有语音样本。在乔叟时代和莎士比亚时代间隔的这两个世纪里，英语逐渐发生了元音大换位，长元音的位置发生了变化：例如，曾经，time听起来像teem，house听起来像hoose，day听起来像die。这种有规律的变化常常涉及音链变化，即声音沿着音谱移动：这是一种有规律的音乐椅游戏，游戏中，一个声音的移动创造了一个空位，相邻的声音可以移动到空位中来填补这个空缺，以此类推，语言学家将其称为“推”和“拉”音链。一个新西兰人因新买了一条可爱的*rid driss*（即red dress，红裙子）而欣喜若狂，这就凸显了“音链变化”的一部分：发元音时，舌位“抬高”了，正如bad听起来像
18 bed，因此，bed只能随之移动，听起来像bid了。

研究发音历史变化需要做一些调查工作。语言之间的关系为其提供了线索：中古英语元音换位之前，英语字母B、C和D的发音和现在法语中的发音一样（bay, say, day）。学者们也关注过去的诗人和剧作家标注句子格律和单词押韵的方式。另外，各种书面材料中发现的语音拼写和拼写错误也有用处。如果出版物中经常出现marchants和parsons这样的词，并且明确知道作者指的是merchants和persons，那就为发音研究提供了线索。

现代语言变异研究

倘若有浓厚的兴趣，例如，出于辩论的需要，就可以证明没有两个人说话是完全一模一样的。无论一个方言或口音群体的规模有多小，也无论对特定风格、语域或行话的限制有多精确，至少在个人方言层面上，依旧能够发现某些差异。哪怕是身处最小群体之中，个体之间还存在着年龄差异和性别差异，并且这些差异有时也值得我们梳理。然而，人们通常最感兴趣的是绘制大型语言变异历时图表，当代语言学家现在拥有更多的方法来完成这一工作。最易理解和最适宜的方法是使用录音（和录像）并配以书面转录。

例如，社会语言学家可以证明，伊丽莎白女王在位的60年

间，其发音已然发生了改变，这在一定程度上要归功于女王圣诞致辞的存档录音。虽然女王陛下不太可能会省略“h”音，但她已不再说她自己原有的标准英语（Queen's English）了。这种变体，传统上认为是“标准发音”的最高水平，现在却已经接近标准的英国南部英语了（详见英文原文第24页）。当然，女王根本不用理会一般用法的变化，也不用特别在意她自己的语音。她可以援引一位古老帝王的先例加以反驳。1414年召开了康斯坦茨会议，讨论了异端邪说、宗派分立和教会改革问题。会上，一个臣民纠正了西吉斯蒙德皇帝说的话。但皇帝却高傲地回答道：“ego sum rex romanus, et supra grammaticam。”（“我是罗马之王，凌驾于语法之上。”） 19

社会语言学的实地调查可以是直接的——要求人们说出具有有趣语言特征的东西，或者探究不同地区之间的词汇差异——也可以是更为微妙的。调查人员可以根据需要进行监听、录音、再监听。然而，这并没有完全取代书面信息的价值。某项最新的研究比较了访谈和问卷两种方法，发现后者仍占一席之地。它们可以提供可靠数据来回答这类问题：“‘news’发音听起来像*nyooze*还是*nooze*？”“‘leisure’是跟measure，还是跟seizure押韵？”“那个通过旋转从水槽里汲水的旋钮，你管它叫什么？”

该类型的第一份报告发表于一个多世纪前，是一项规模惊人的工程。格奥尔格·文克尔没有进行实地访谈，而是向德国各地的乡村学校发送问卷，调查语音和语法变异。问卷表格列出了40个句子，请被调查教师用当地方言转写后，再寄回给他；也就是说，被调查教师不得不调整正字法，以采集当地的发音。

据说，文克尔大约收到了5.2万份问卷，因此在他1881年出版的《德国北部和中部语言图集》中只出现了一小部分的调查结果也就不足为奇了。

这种方法最大的缺点是它依赖于自报数据。当回答单词如何押韵时，可能会因信息提供者或许并不总是完全诚实可信而
20 出现问题。当必须依靠非专业人士来阐释语音和正字法时，必定存在问题。意识到上述困难在某种程度上会促成“民族志”的理论研究。在这些研究中，学者们密切、持续地进行文化调查，试图成为群体内部人士，并通过“参与观察”得出结果，这种方法也催生了更多的间接措施。

威廉·拉波夫是现代社会语言学变异学派先驱之一。20世纪60年代早期，他研究了马撒葡萄园岛上的语言使用情况。该岛位于马萨诸塞州海岸附近，每到夏季，游客人数便急剧增加。调查中，拉波夫注意到，像light这样的单词，发音开始听起来更像loight，这就像是回到了马萨诸塞州第一批英国移居者时期的发音。他发现，这种改变的动力始于当地渔民，本质上具有社会性：渔民利用这种方式将自己与夏季游客区别开来，这些游客（现在的夏季游客也是如此）既受人欢迎又令人讨厌。尽管这种“元音中心化”在美式或英式英语中均不是普遍突出的特征，但岛上的其他人后来也接受了这一改变。显然，由于基于社会的变化也牵涉到区域差异，因此，最好将地理、社会或阶级差异放在一起考虑。这种通过语言来标记的认同感，才是事情的核心。

如此重要的“社会性”正是拉波夫最初抵制“社会语言学”这一称谓的原因，理由很简单，即构想出一种彻底的非社会性的

语言学是不可能的。他写道:“我们的理论要么是关于普通人在大街上与朋友争吵,或者在家里责备孩子时所使用的语言,要么是关于人们实际上很少使用的语言。”

这里,“日常性”是关键,因为我们通常关注的是口语,各种语境下的口语,这些口语不是说话人刻意说出的,也不是他们在意识到自身被正式关注时说出的。在其部分研究中,拉波夫尝 21
试通过让受访者讨论死亡和危险、性和不公正待遇等情感问题,引导受访者自然使用语言。参与这种讨论似乎确实胜过自我关注,但语境仍然不是那么“自然”,“观察者悖论”的元素可能会产生令人困惑的结果。拉波夫这样解释道:“为了获得语言学理论中最重要的数据,我们必须观察人们在没有被观察的情况下是如何说话的。”

马撒葡萄园岛的场景阐明了“自下”的语言变化,一种或多或少无意识的变化。后期对元音换位的研究也表明,这种变化是自下而上兴起的。1991年,拉波夫在一次采访中说,美式英语的重大变化大约已经持续了半个世纪:采访中,他本人也阐释了之前提到的从light到loight的变化。事实上,在美国五大湖地区、南部、加利福尼亚州和其他地方,元音发音正在发生着变化。(为了进一步证明拉波夫所记录的语言动态性,在他研究马撒葡萄园岛语言使用四十年之后,研究人员再次造访了该岛,发现该岛与大陆的联系越来越紧密但越来越不合传统,拉波夫所描述的语言变化正随之消失。)

该研究因简洁巧妙而闻名,它以没有惊动信息提供者,也没有逾越任何道德界限的方式获得信息。研究中,拉波夫进而阐述“自上”的语言变化,专题探讨了“元音后面的r”的发音(或不发音)。“r”前有一元音时(如cart或flower),“发卷舌音”的人会发出“r”音,而“不发卷舌音”的人则不会,尽管当“r”音后接一元音时(要么在horrid这样的单词中,要么在flower opening这样的词串里),他们也会发出“r”音。拉波夫(他是“发卷舌音”的)询问纽约高档、中档和低档商场(分别是萨克斯百货、梅西百货和克莱恩百货)的员工在哪里可以找到特定商品。每一
22 种情况均预先确定了所问及的商品在“四楼”①。受访者一般会回答两次,最初回答很随意,之后在提问者故意表示没有听懂的情况下,会加强语气,再回答一遍。这样,拉波夫至少有四次机会能够听出人们是否发出元音后的“r”音。发出该音的,萨克斯百货的员工最多,其次是梅西百货,最少的是克莱恩百货。纽约英语中,发“r”音(卷舌音)的人更加受人尊敬,因此,有人认为,高档商场的员工采用了他们顾客的发音。在该研究及相关研究中,拉波夫能够证明发音(和句法)模式与社会经济地位呈现出有规律的关联。其他人后来的研究也证实了这种模式仍然继续存在。

随着时间的推移,社会倾向和态度并不总是一成不变的,因此,语言变异亦是如此。它们也不必跨越地理界限。我们继续讨论字母“r”,有一个例子能显著说明一种环境下的常规惯例可能在另一种环境下会截然不同。在纽约,一个人的社会地位越高,发元音后面“r”的频率就越高;但在其他地方,情况则完全不同。在著名的百货公司研究近十年后,彼得·特鲁吉尔在英国雷丁的研究得到了恰好完全相反的结果。

---

① 原文为“fourth floor”,含有两个“r”。

方框B

组约和雷丁发元音后面的"r"的各个阶层人数占比

	纽约	雷丁
中上阶层英语使用者	32%	0%
中下阶层英语使用者	20%	28%
上层工人阶级英语使用者	12%	44%
下层工人阶级英语使用者	10%	49%

23

不仅仅是伯克郡[①]的英语使用者表现出这种"非美式"的模式，不发卷舌音也是"标准发音"（Received Pronunciation：英式英语中声望很高的非地域性变体；"received"意为"被人们认为是正确的"）的核心特征。同样，纽约研究结果的适用区域也远远超出该市范围。与此同时，你不需要远离纽约就能发现美式发音的复杂性：波士顿上流社会的人可能会像发英式标准发音的人那样发"r"音，但他们经常在说"pahk the cah"时不发"r"音。即使不是全部也是大多数英语变体均曾发"r"音，这一事实进一步证明了社会惯例对卷舌音的影响。只是从17世纪早期开始，才在一些方言中观察到元音后面的"r"逐渐消失的情况。这种口音变化的原因可能还不清楚，但可以肯定的是，就像方言变体一样，发音差异通常成为身份界限标记的另一方面。这与任何内在的正确性、美德或优越性无关，只与社会压力和声望相关。

现已证明，发音的变异，更不用说词汇和语法的地区特征，

① 雷丁是位于英格兰东南区域伯克郡的自治市镇。

会阻碍不同城市和地区之间的理解，并干扰城市和地区内部跨年龄群体的交流。由此可见，强大的力量正在发挥作用。如果不加以控制并给予足够时间，这些力量可能会形成非常强大的语言楔子，导致方言变异扩大到最终可能出现独立语言的地步。拉丁语演变为各种罗曼斯语言就是经典案例。人们或许还记得，世界各地兴起了多种不同的英语，其中许多已经安如磐石，拥有数百万使用者，并且迅速发展出各种各样的地方方言。会不会有一天，布里斯托尔（英）、波士顿（美）或者布里斯班（澳）的人们完全听不懂印度英语？正如拉波夫自己所指出的那样，存在着势均力敌的力量，抵消了最终的相互不理解；其中最主要
24 的是各种各样的物质流动和社会流动，以及无处不在的印刷业和广播媒体。不过，这些因素是否会在所有情况下均足够有效，目前还不完全清楚。

这种变化也可能在某种（轻微）程度上取决于适当的简化，长期存在的发音差异可能会最终反映在书面语言中。说hambag比说handbag更容易，而“正确”地发handbag的音可能会显得迂腐或做作。省略最后的辅音也会更容易，许多单词，如running和jumping，人们发音时均不发出最后的“g”音。即使是这样一个简单而熟悉的例子，也能揭示出时间、阶级和性别的维度。例如，乡绅和庄园主过去经常说huntin’、shootin’和fishin’。他们也倾向于在hotel和historian这样的单词中省略“h”音。虽然这些用法有时只是为了赶时髦，但它们却例证了一个有趣的复杂现象：这些用法出现在社会阶层的两端。同样，feller（即fellow）和ain’t这两个下层阶级频繁使用的变体，也曾在绅士阶层中听闻过，但中产阶级却从未用过。

约翰·费希尔1958年的研究提醒人们，性别差异在这里也是相关因素。他在新英格兰地区的二十四个孩子身上做了一项调查，来研究他们使用in’和ing词尾的情况（如在coming和going这样的单词中）。他发现，男孩比女孩更有可能使用前者，而随着场合正式化程度的提高，后者的使用也有所增加。除了这一发现外，我们还可以按照当代社会阶层的划分得到大量非正式但准确的观察结果。但费希尔已证实，人们已经意识到需要更“礼貌”的环境，并且女孩比男孩对此更为敏感，甚至在十岁以下的儿童中也是如此。（顺便提一句，有人认为“g”原本不发音，近代才开始使用相应的“有教养”的变体。也许，是19世纪的矫枉过正才让人们开始发词末的“g”音的。） 25

虽然在英式英语单词（如house）中，毫无疑问，任何有社会地位的人都必须发出“h”音，但在源自拉丁语-法语的单词（如humour、hospital等）中，省略“h”音也是可以接受的。然而， 26
人们的观念逐渐发生变化，到了19世纪末，只有heir、honour、honest和hour在礼貌用语中仍然不发“h”音，像hotel和human这类单词中的“h”却已经发音了。1873年，托马斯·金顿-奥利芬特在一篇文章中将“h”称为“致命的字母”：省略“h”音是一种“可怕的野蛮行为”。一个世纪后，语音学家约翰·韦尔斯写道，省略“h”音已经成为“英国最有代表性的发音习惯”——正如琳达·马格尔斯通所补充的那样，它是“社会差异的现成标志、社会分化的象征”。《窈窕淑女》[①]（*My Fair Lady*）中，伊丽

① 1964年美国上映的电影，改编自萧伯纳的戏剧作品《卖花女》，讲述了语言学教授希金斯如何将一个满是乡下口音的卖花女伊丽莎在短期内训练成为一个操着贵族口音、出没于上流社会的千金小姐的故事。

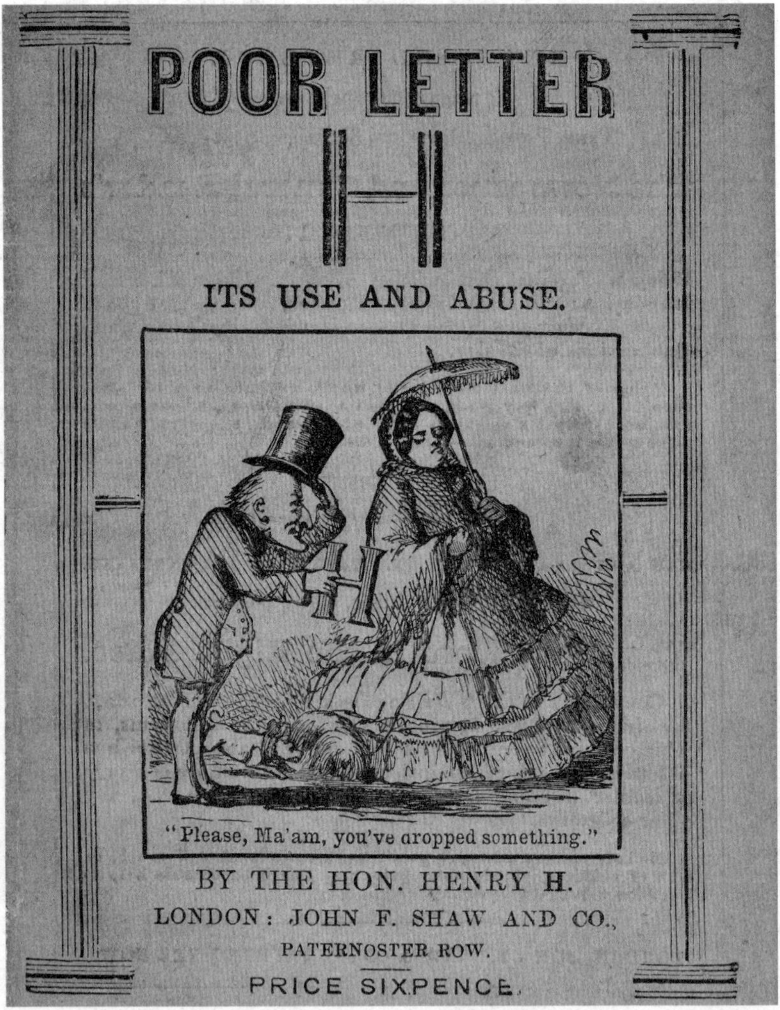

图3　到19世纪60年代，这本名为《可怜的字母H：使用和滥用》（1854）的小册子已售出约5万册。它的流行反映了19世纪人们对"正确"用法的日益重视。

莎·杜利特尔描述了英国三个郡的天气：“in'artford, 'ereford and 'ampshire, 'urricanes 'ardly hever 'appen。”[1]（'artford，即Hertford，一般读作“Hartford”）事实上，伦敦人和其他持错误观点的人坚持在“应该”出现“h”音的地方省略这一发音，但有时又在不应该出现“h”音的地方插入它（如在读“bring the heggs into the 'ouse, would you?”这一句时）。为了弥补这些“错误”，说话者偶尔会矫枉过正，令人尴尬：比如，把heir读成hair或hare。

虽然“矫枉过正”一词可以指**任何**旨在提升社会地位的语言尝试，但它最典型的情况发生在讲非标准方言的人身上——他们对自己言语不具有社会声望的特征感到不安——从而倾向于使用地位较高的变体，尤其是在正式场合。拉波夫发现，在一些非常正式的场合中，下层阶级说话者对这类变体的使用频率实际上超过了他所调查过的中上层阶级说话者。此外，被问及语言习惯时，前者倾向于夸大他们对较高地位语言形式的使用。许多情况下，矫枉过正涉及规则误用或过度概括。例如，如果有人把coupon说成*kyōō'pon*而不是*kōō'pon*，这很可能是由于他误认为，如果地位较高的说话者说*styōōd'nt*而不说*stōōd'nt*；那么以此类推，*kyōō'pon*一定就是coupon的“正确”发音。

如果非标准的说话者有时会模仿更标准的说话者，那么反之亦然：中产阶级男性可能会使用工人阶级的语言特征，特别 27
是当他们希望表现得直接、明确、具有说服力时；他们也可能声称自己比实际情况更多地使用了这些特征。这种“隐威信”

① 意为“赫特福德郡、赫里福德郡和汉普郡，从来就不会有飓风”。

（“covert prestige”）取决于对充满活力、阳刚之气和“坚韧”的事物以及“街头信誉”的认知。美国大学一位中上阶层的中年教授就是例证。两三个男同事追问他一个学术问题，他先斯文地用当地方言和他们进行了一番讨论，但毫无结果；他最终停了下来，笑容满面地说：“瞧，伙计们，你们知道我可做不到！”这是一个信号，大家立刻就明白了，到了不能再浪费时间的时候了。谈话结束。只有男性参加的社交聚会上经常会出现这样的事例。一方面是直接的、言简意赅的用法，另一方面是夸张的、偏见的或公然不诚实的语言，这里的本质在于这两者之间的明显对比：直接抨击与欺骗（或“胡说”，现在正是在这一名称下，它本身成为越来越多学术审查的对象）相对。

隐威信本质上是男性现象——但实际上，女性有时可能声称自己比实际情况更多地使用了**标准**用法。非标准用法的阳刚之气是隐威信运作的基础，在某种意义上，它是与“说话得体”，或者实际上是说话斯文相关的所谓“文雅”或娘娘腔的镜像。奥威尔曾经说过：“几乎每个出身于工人阶级的英国男子都认为正确发出外来词的音会显得没有男子气概。”而最近的研究表明，这种趋势仍在持续。

语言变化也会通过直接借用发生：例如，日语当代方言就包含了数千个英语“借词”，而英语中的日语借词就少很多。这种语言迁移有几种类型。在日语语境中，英语单词的发音（在某些情况下是书面形式）通常会使它们更容易被同化：*aisu kurimu*
28 （冰淇淋），*apato*（公寓），*koin randori*（投币式洗衣机）。将法语的*pullover*（套头衫）读成poolovaire，或使法语的*garage*（车库）听起来像英语的garridge，这些例子更具说服力，可以证明给外国借词一个本族语的类似发音是常见做法。然而，在其他类型的迁移中，保留了原语（或接近原语）的发音：例如，大多数英语术语的用法，如*raison d'être*[①]或*savoir faire*[②]，或者魁北克省说英语的人，采用了*dépanneur*（街角小店）这一发音。这里也经常可以看到社会地位的标记：一方面，回想一下奥威尔关于抵制外来发音的评论；另一方面，想想那些自命精于品味的人。也有"语言内"的自命不凡之徒。风信子·布克特（Hyacinth Bucket[③]）在英国广播公司的热播连续剧《维护面子》中坚称，她的姓氏发音是"布凯"。

一种不太为人所知的借用形式涉及借词的翻译，这样就会产生"直译语"（其字面意义是"复制品"）：英语的skyscraper（摩天大楼）在德语中变成了*wolkenkratzer*（其字面意义是"cloud scraper"），或在法语中变成了*gratte-ciel*（其字面意义是"sky scraper"）；法语的*marché aux puces*在英语中被理解为flea market（跳蚤市场）。最后，还有一些跨语言的借词已经不再被认为是借词了：alcohol（酒精）和algebra（代数）是从阿拉伯语引入英语的；gazette（公报）最初是一种威尼斯钱币的名称；punch（潘趣酒）源自梵语，经由印地语而进入英语，意为"五"（因为传统的饮料配方需要五种原料：酒精、水或牛奶、糖、香料和柠檬）。

一种更为个人化的借用是会话"语码转换"，这种现象可以发生在语言内部，也可以发生在不同语言之间。在语言内部，风格、语域、行话和俚语均有不同的变体，说话者可以根据他们对

① 原文为法语，意为"存在的理由"。

② 原文为法语，意为"（应付自如的）社交能力或处世能力"。

③ 《世界人名翻译大辞典》将"Hyacinth"译为"海厄森斯"（西方男子教名，源于希腊语），此处为女子名，译者将其意译为"风信子"。

语境的理解做出选择。我们会根据在场的人，根据我们想要创造或消除某些印象的愿望，也会根据我们对所期望的正式程度的评估等而使用不同的单词、短语和语调。不同语言之间的语码转换通常更为引人注目。一位学者曾经写过一篇题为《有时
29 我会写一个以英语开头以西班牙语结尾的句子》的论文。在同一个句子或话语中使用来自不同语言的单词或术语被认为是不适宜的，即使是那些自己这样做的人也是如此认为：像Japlish（日式英语）、Franglais（法式英语）和Spanglish（西班牙式英语）这样的术语就是证据。然而，抛开偏见不谈，能够使用多种语言，可以在两三种语言中选择最贴切或最微妙的意义，从第二或第三语言中使用一个词来表示特别的强调或亲密关系，除了说这是一种有用的拓展能力外，很难说它有别的用处了。

变化：为何变化、如何变化？

关于语言变异和变化，仍有许多事情尚不清楚，但其核心问题是它从何而起，为何而起。即使是单词、语音和语法上的细微变化，也会干扰人们理解，从而妨碍交流。上文已经提及一些可能导致变化的原因：语言和社会之间的联系往往是关键，尤其是当一个社会比另一个社会更占优势或更有声望时。另一方面，孤立和缺乏流动性也会带来分歧；这一点可以反观通俗拉丁语最终的分裂。语言需求也在发生变化，其对语言的影响尤其体现在词汇层面上。

从最广义上说，群体认同的动力仍然处于中心位置。不同的语言是希望保持某种独特性的社区、文化或亚文化的标志。在群体共用同一种语言的地方，存在着方言层面的差异：奥地

利人不是德国人，玻利维亚人不是西班牙人，爱尔兰人不是英国人。本章讨论的这种变异可能呈现了边界标记不断更新过程的一部分。这种变化有时是短暂的，可能反映出不切实际的社会和语言期望——但它也可能是群体身份持久变化的一部分。正如杰克·钱伯斯所说，“社会语言学差异的根本原因……是人类建立和维持社会身份的本能”。 30

第三章

语言感知

态度是身份概念的核心：态度反映身份，并帮助维持身份。通常，可以从行为推断出感知，但是两者之间的关系并非无懈可击。同样，以更有针对性的方式评估态度，或将其作为决策过程的一部分，通常也很重要。即使态度评估与行为之间没有明确关联，态度评估仍然具有价值。人们的态度（或公开的态度）和他们行为之间的差异有时会特别有趣。由于语言特征通常在我们的社会和心理感知中占有重要地位，因此，态度和信念一直是语言社会生活研究的中心，也就不足为奇了。例如，尽管我们大多数人不会冒险对物理学的弦理论现状发表意见，但很少有人不对语言发表各种各样的观点。这些观点可能是对语言的“外行”看法，但无论其是否准确或敏锐，它们往往能在日常生活中产生立竿见影的影响。

严格来说，态度包括认知、情感和行为要素，即信念、情绪和行为倾向。然而，态度和信念之间常常混淆不清，且这不仅仅是很多人都有的误解或错误。许多学术研究建立在问卷调查或访

谈的基础上，声称他们汇报的是态度，而事实上，他们只是在发 31
掘人们的信念而已。对于诸如“了解德语对你重要吗？”这样的问题，肯定或否定的回答仅仅显示了你对德语的信念。把肯定的回答等同于赞同态度可能是错误的，因为这样的回答**也许**是建立在勉强接受德语重要性的基础之上，然而，这并未伴有太多积极的情感。此时，显然需要进一步进行**态度**测量。

除了直接访谈、问卷调查、等级量表和其他书面方法外，还有更多的间接方法用于评价人们对语言的反应，即，评价人们对特定语言变体说话者的反应。例如，一些研究向听众展示不同语言变体的说话者，要求听众根据他们感兴趣的智力、幽默、可靠性等个性维度进行评价。另一项研究则考察了听众面对**假定**的不同说话者时的反应，例如，让说话者阅读同一段不含任何感情色彩的散文，在阅读过程中不包含语调或重音的变化。这种配对变语法通常会邀请那种能真实可靠地模仿不同口音或方言的说话者。在都柏林进行的一项研究中，一名阿比剧院的演员展示了受过良好教育的中产阶级的不同口音，这些口音包括戈尔韦、科克、卡文、都柏林和多尼戈尔口音。假如不同的“变语”实际上和本地人讲的口音一样（这一点经常在前期访谈中得到证实），假如听众评委们不会猜出只有一个说话者（他们通常不会），那么这种方法允许进行有效的实验控制。任何可能会混淆听众对不同说话者所说不同变体的评价的特殊言语特征，在这里显然是不变的。不同的变语之间，唯一改变的是言语变体。

许多语境下，人们一致发现，操标准方言或具有社交声望的方言者会受到广泛好评：人们会认为他们比其他人更能干、更自信，所说的话也更有分量。然而，无须将他们与操非标准方言者

32 通常唤起的亲切感和可信度联系在一起。这无疑反映了现实生活，并提醒我们隐威信所拥有的吸引力。

研究还表明，语言评价与情境、语境、语速、音高、停顿和语调等变量相关。例如，在一组研究中，当非标准口音、低词汇多样性和工人阶级背景多个变量相互作用时，会出现最不利的判断。另一项研究使用了警方的审讯录音，研究表明，比起中上层阶级的说话者，人们认为操伯明翰工人阶级口音的说话者更容易被认定为犯白领支票诈骗罪。当罪行是持械抢劫时，变量的影响就更大了。

态度判断的依据

词典对方言和口音的定义往往支持这样一种流行观点，即非标准变体的正确性不及社会主导者所说的“公认”变体。但评价判断的依据是什么呢？大致有三种可能。第一种涉及内在的语言差异，该观点得到了相当多的史实支持，并且在几乎所有语言分层社会中的非正式层面上仍然很普遍。但是，学术研究以压倒之势否定了这种可能。一个强有力的证据来自拉波夫对非裔美国人英语（AAE，有时也称“黑人英语”）城市变体的研究。“非裔美国人英语”这一饱受争议的术语首创于1973年召开的一场黑人学者会议，很快它就被赋予了负面含义——尤其是在大众媒体上——但此后它在部分黑人社区内部获得了一些青睐。非裔美国人英语长期被视为一种近似“标准”英语的特别畸形和无体系的语言，且其使用者所受到的偏见伤害远远超出
33 语言本身，因此，它成为很好的测试案例。如果能够证明非裔美国人英语终究不是某种低等变体，那么这将在一定程度上有助

于为所有方言变体建立语言完整性。

拉波夫的研究强化了普通观察者久知的事实，即，当地黑人社区的口语表达形式丰富多样，而且，与世界各地的“口头”文化一样，它支持并给予那些特别有语言天赋的人以回报。而后，拉波夫以简单明了的方式阐明了非裔美国人英语的语法规则性。和所有方言一样，它也存在着若干变化。例如，标准英语允许缩写系动词（“He is going to work”可以变成“He’s going to work”），非裔美国人英语则允许删除系动词（“He going to work”——或者，包括该上下文中最有可能作为结尾的动词，“He goin’ to work”）。这是一个常规而非随机的特征。同样，在标准英语**不允许**缩写的地方（“He was going to work”不能简化为“He’s going to work”），非裔美国人英语也不允许做出删除。原因很清楚，就是为了避免在涉及过去行为和现在行为时出现混乱和歧义。但是，一种变体经常允许删除，而另一种变体则以缩写为准则，这只不过是采用了不同的规则。

我们可以从这一有效的测试案例中得出合理推断：**没有**什么方言是次等的，只是有些**是**不标准的。如果在特定语境中，某一方言是标准语言，是受教育者交谈、写作时使用的语言，那么从逻辑上讲，所有其他方言一定均为非标准语言。“非标准方言”这一术语在专业语言学意义上不带有任何贬义。无论是非裔美国人英语，还是推而广之，任何其他非标准方言，均不能被定性为某种不准确、不规范的次等语言。

虽然非标准方言在语法上是有效的体系，且并无缺陷（至少在学者看来如此），但有些非标准方言却被认为更具美感。听到本质上更加甜美悦耳的语言变体时，我们**可能**会对其产生好感。 34

另一方面，语言的吸引力可能只是个人偏好问题：我觉得意大利语是世上最优美的语言，而你则偏爱粤语。20世纪30年代，一些学者认为标准发音是英语“最动听、最浑厚的形式”，也是“人类精神最微妙、最优美的表达形式之一”。现今的报纸读者来信显示，许多人仍然有着同样的感受。一位加拿大记者发表评论，大意是说方言的差异正是如此，这引起了读者的强烈反应，他们认为加拿大英语应该记住其优越的英国英语根源，并抵制美国“俚语”浪潮。这些只是当代对语言力量、优美和表现力认知的例子，这些认知至少可以追溯至诸如昆体良和普里西安那样的罗马修辞学家和语法学家，而且一直历久不衰。人们总是认为有些方言比其他方言甜美，这完全可以理解。但是，这种语音优势有什么事实依据呢？

似乎没有什么事实依据。现代研究将这一长期存在的“内在价值”假说与另一假说进行了比较，后者认为所有的审美判断均取决于“强制规范”：某些方言听起来悦耳且高雅的原因在于说话者的地位。对希腊语一窍不通的英国听众评价雅典人和克里特岛人的语言变体时，并没有发现统一的审美差异；若有什么差异，那就是他们觉得后者要比前者更为悦耳动听。当然，在希腊语社区内部，人们通常认为首都方言最具吸引力。言外之意很明显。当听众没有意识到方言强大的社会隐含意义时，当他们只感受到**声音**时，审美论据便不复存在。当这种语言**本身**对他们来说，都是希腊语时……

如果电影中一个打扮成公爵夫人的女人操着工人阶级的口音说话，任何看过这一电影的人都能明白上述要点。非英语母语的观众，即使能很好地理解英语，但不懂方言和阶级差异，也很可能会错过许多喜剧效果。产生这种效果的标准是由社会成员在知情的情况下“强加的”，而那些将美丽、严厉、幽默与一组特定声音联系起来的刻板印象是其他人所无法获得的。

虽然听者可能**相信**某些变体在语法或美学上优于其他变体，但这里概述的证据表明并非如此。一旦排除了这两种可能性，就会出现态度评估的第三个也是最坚实的依据。在社会实验室和街头所做的变体评估首先反映了听众对特定变体**说话者**的看法。变体本身就是诱因或刺激因素，这些诱因或刺激因素唤起人们对说话者所属社区的看法（或偏见，或刻板印象）。了解这一点，并认识到没有任何内在理由可以将一种变体凌驾于另一种之上，以及明白社会惯例是其中的驱动力，这非常有用。方言差异，而非相对缺陷，才是问题所在。然而，同样地，我们可以明显看出：这是由社会而非学术所决定的；惯例总是将差异转化为缺陷；社会态度和刻板印象不会很快屈服于开明的判断。

态度和改变

那些使用声望较低的非标准变体的说话者逐渐感受到社会惯例、态度和偏见的力量——更重要的是，他们开始相信变体实际上必须建立在正确和适当的基础之上，这并不奇怪。因此，社会语言学家描述了一种“少数群体反应”，在这种反应中，较不占主导地位的群体日益接受主导者的道德准则、姿态和做法，并将之视为规范，即使它们可能与阶级或群体怨恨共存。语言学家迈克尔·韩礼德写道：“一个为自己的语言习惯感到羞耻的说话者，作为人来说，受到了基本的伤害。”这种评价无疑更令人痛心，因为这种伤害并不像许多人一直认为的那样，是因任何实质 36

性的缺陷而造成的。

考虑到社会偏见和刻板印象根深蒂固，地位低的言语变体能够持续存在，这乍看起来可能有些奇怪。如果人们普遍认为这些变体较差，难道更多的说话者不会试图根除它们吗？而放弃一种语言，或者更有可能放弃一种方言，难道不是更受欢迎的选择吗？有充分的证据表明，这种放弃并非无法实现，而如今广播媒体无处不在，这意味着，事实上每个人都至少被动地感受到多种非母语的语言变体。事实上，有些人确实会做出改变，要么完全用一种变体取代另一种变体，要么扩展他们的语言交际语库以适应不同社会语境的要求，从而成为双语或双方言使用者。因此，适应是可能的。

然而，这些转变并非毫无问题，我们会立刻想到两个。首先，试图做出改变，将你与你的群体成员区分开来绝非易事：一些重要的关系可能会被切断；你可能会被视为社会弃儿，遭到憎恨或排斥。其次，你肯定也希望能成功实现转变：陷入语言或文化困境意味着面临社会边缘化的风险。即使相对成功也会很棘手，尤其是你想再次回到所属群体的时候。“转”说英语的墨西哥裔美国人被贴上*vendidos*（sell-outs，意为“出卖”“背叛”）的标签；法裔加拿大人也被贴上了同样的绰号——*vendus*（意为“叛徒”“被收买者”）。因此，即使假设不存在其他群体标识（例如，肤色）阻碍流动性的情况，转变依旧存在现实困难。

任何变体的群体团结功能均令人信服。社会地位低的语言变体可能是一种障碍，一种特别不公平的障碍，但它却是个人直属群体使用的变体。家中使用的语言、初次表达使用的语言和
37 亲密的语言，不是一时冲动就能放弃或改变的。**所有**语言变体

均能反映和维持最重要的关系，而语言显然是个人群体认同的有力支撑。诚然，身份可以在语言转换中幸存下来，但似乎显而易见的是，语言交际语库的扩展，特别是在方言层面，是一种比完全替换更令人满意的适应。这意味着，尽管社会态度强硬，但声望低的语言变体还是不太可能消失。(这也是好事：声望低的语言变体为更大的语言画卷增添了自己独特的风情和价值。如果没有跨越整个阶级和地区变体的广泛的细微差别，所有语言均会变得更为贫乏。)

语言变体感知研究已将更多上文未描述的变量纳入考虑。过去的半个世纪里，人们广泛使用态度(或信念)评估，并著述了大量文献。我们可以满怀信心地预测人们听到各种方言变体时的反应，了解为什么非标准语言对一些中产阶级说话者来说似乎很有吸引力，接受双语和双方言顺应完全合理，并评估对非母语说话者语言的反应。因此，总体上，正如可以通过语言和言语变化很好地预测出看法(通常是刻板印象)的诱因一样，也可以很好地预测出评价性反应。由此可见，语言和身份之间的关系并不神秘。

这类研究只是做了些相当粗略的说明：它几乎没有把言语评价与特定的言语标记联系起来。虽然数百个实验已经揭示了人们对非裔美国人英语的负面反应，但是，特定发音模式、语法结构和词汇的“诱因”作用的相关官方数据却很少。另一方面，更直接的语言学研究则着眼于描述和区分语言变体的特征：与发音有关的方言问题(例如，习惯上与标准发音有关的鼻音，或 38
元音后的“r”存在与否)；与语法有关的方言问题(删除非裔美国人英语中的动词“to be”，或使用双重否定)；当然，还有与词汇有关的方言问题（煤油和汽油，我用kerosene和gasoline来表达，而你用paraffin和petrol来表达）。

方框C

系动词删除与双重否定

黑人英语社区中发现的系动词删除现象，现已广为人知，这种删除现象在其他社区也有发现。许多人（白人）会听到警察问他们："That your car?"（"那你的车吗？"）

关于双重否定：以英语为母语的格伦迪夫人们[1]总是告诉学生，说"I don't have no bananas"（"我没有香蕉"）这类句子从逻辑上讲是错误的。18世纪的语言学家罗伯特·洛思和林德利·默里是最先做出该论证的权威人士。他们都认为"英语中两个否定词会相互抵消，或者等同于一个肯定词"。当然，当代的格伦迪夫人们并没有考虑到，在英语的许多方言（其中包括黑人英语）中，双重否定结构是常规特征。更开明的人或许会承认，在其他一些**语言**中，两个否定标记并不会颠倒动词的意思：法语中的"ne...pas"（意为"别……不"）不是自相抵消的结构。有一天，一位讲师在课堂讨论这些时，补充说："当然，没有任何语言用双重肯定来表示否定。"教室后面传来一个嘲讽

39 的声音："是的！对！"

语言学家对将这种变异与社会等级差异联系起来并不十分

① Grundy指极其传统和保守的人。

感兴趣，或者他们只是简单地假定更为明显和显著的语言标记是产生等级差异的诱因。他们社会意识更强的同事也普遍满足于在“宏观”层面上考虑事情，满足于接受这样一种观点，即描述可识别的言语模式所引发的感知就足够了：我听到某人说话，我意识到此人来自得克萨斯（或泰恩塞德），随后就会产生一系列相互联系且可预测的反应。虽然在语言学和社会学阵营中均有一些明显例外，但显然，更多的衔接交叉研究可以使我们对言语的**特定**方面如何引起**特定**类型的评价性评估的了解更加完善和具体。人们可能会认为，除了专业的学术兴趣之外，他们几乎不需要如此精细的知识。毕竟，大多数的刺激均内嵌于诸多阶级或种族标记中，且刻板反应显然是粗略而笼统的。然而，即使是非常有限的刺激也能引起相当显著的反应。

一些人提出，把注意力全部放在语言态度上明显不合时宜，因为现实生活中，无论是真实的还是感知到的必要性通常会战胜态度。毫无疑问，大多数语言使用的历史变迁更多地被归因于社会经济压力和政治压力，而不是态度本身。但是，在大规模的语言演变中，在一个群体从一种语言转向另一种语言的过程中，某些态度也许**是**重要的。19世纪中叶，爱尔兰人可能讨厌英语及其所代表的东西，但仍然承认英语的语用价值。也许可以在**肯定**态度和**积极**态度之间做出有益区分。也许在工具意义上，爱尔兰人对学习英语的态度是肯定的，但不一定是积极的或“一体的”——该词指的是超越语言作为工具的愿望，或许指的是全心全意加入另一种文化的渴望。

在教育方面，这也很有趣。尽管人们普遍批评语言课堂往往与现实世界的语言和文化脱节，但事实上，在这种情况下，态

度可能会显得尤为重要。也就是说，当一个语境被认为与当前
40 关注的问题**没有**直接关系（或未能直接反映当前关注的问题）时——例如，课堂上不是出于实用或工具性的原因去学习法语——态度可能会产生真正的影响。因此，某些情况下，积极态度的重要性可能与语言的必要性成反比。

一篇重要且新兴的文献建立在态度和感知之上，它一定要与说话者在不同语境和不同意图下做出的调整有关。适应可以采取多种形式，但是，无论是在自觉意识层面还是在自觉意识层面下运作，其基本特征均是改变言语模式，使之与他人的言语模式趋同或背离。调整能够反映出个人的关注点，比如想让自己听起来更像老板，或者偏离你讨厌之人的用法。它还可以突出群体关切：人们可能希望强调"内群体"成员身份，或者希望巩固种族界限或阶级界限。可以看出，该"对话心理学"研究总体表现出人们对会话和话语分析新近的更为详细的兴趣。

话语分析

近几十年来，随着会话和话语研究，以及越来越细致的文本分析，人们开始关注更细致的语言问题。这些研究的核心要旨是社会意义的产生和阐释，因此，与感知和态度产生了明显的联系。而这反过来几乎立即凸显了说话者地位和权力的变化。无论是正式的还是非正式的，有意识的还是无意识的，所有"言语行为"中的语言操纵均以态度为基础，并在听者的耳中或读者的眼中激起特定的感知。一位评论者将这种穿着"批判性"外衣
41 的研究称为"有态度的话语分析"。当然，**所有**这些研究均带有态度。

社会学家哈罗德·加芬克尔的“民族方法学”旨在阐明我们产生社会意义的具体方式：我们如何定义自己？我们如何理解和影响我们所处的多种情境？我们如何理解我们与他人的关系？从最广泛的意义上说——民族方法学的内容极其广泛——这一术语暗指一种为情境丰富甚至是现象学的方法和阐释留出空间的社会学。作为民族方法学的语言学分支，“会话分析学”显然必不可少。事实上，对于理解人类社会交际来说，没有什么比语言更重要的了。

会话分析学其实就是研究谈话是如何进行的，主要关注以下问题：交流的开始和结束、支配话轮转换的规则和惯例、中断和插入、论据的适当排序、交际失误的风险及其矫正，以及主题和讨论风格的得体性。更广泛的话语分析包含但超越了对自然产生的言语的研究，它关注语境，尤其关注所有语言事件（无论是口语还是书面语）背后出现的权力关系。因此，话语分析非常关注政治语言和其他社会领域（法律、医学、教育、媒体和大众文化），在这些领域中，语言和地位差异至关重要。在所谓的语言民族志中，“语言和社会世界相互影响”，因此需要密切关注“情景语言使用”。尽管这些观点并不新颖，但考虑到心理学、社会学和语言学内部及其之间均存在令人遗憾的差距，这些言论都值得欢迎。

语言运用的三角验证法在很多情况下都很有效。例如，课堂上，更加深入地分析师生互动，以及加强对跨文化和跨方言差 42
异的认识可能非常有用。加拿大最近的研究表明，教师通常在绝大程度上主宰着课堂的“语言空间”。而在学生可使用的一小部分空间中，男孩往往占有很大份额：一项研究发现，女孩与男孩的语言贡献比约为1∶10。早期研究显示，美国印第安儿童经常惹恼他们的教师，因为教师将儿童不愿在课堂上发言视为消沉或羞怯的反映，常常觉得他们所属的文化带有缺陷，有时甚至把沉默寡言与认知落后联系在一起。这些结论是缘于没有充分了解不同文化针对公共场合、同辈面前和面对权威人物时的说话方式的不同禁令，因此毫无道理可言。

话语分析及相关领域存在的问题

理论上说，民族方法学研究范围非常广泛，因此本质上无法实现学科的精准性。也许正因为如此，民族方法学及其相关项目变得更像教派或小集团这种成员之间相互交流的封闭系统，这种系统中存在着局外人无法接受的洞见（正如刘易斯·科泽尔1975年在美国社会学协会的会长报告中所说的那样）。一个评论加芬克尔“开创性”文稿的人简明扼要地指出，民族方法学需要“极高的阅读时间与信息传递的比率”。

同样，话语分析和许多与之相关的“批评性”子领域也变得越来越狭隘或封闭。此处，一个重要的例子是“批评性话语分析”，其主要兴趣在于“政治话语、媒体、广告、意识形态、种族主义［和］机构话语”。这种分析明确地将自己定位于及时性和相
43 关性，它不是意识形态中立的工作，事实上，它“坦诚地表达了自己明确的左翼政治承诺”。这是一种“有态度的话语分析”。当然，相对公正的工作与特殊的诉求相混合时，也存在危险。亨利·威多森指出了具体的困难，他写道，批评性话语分析常常背离“合理性、逻辑一致性、实证证据等惯例”。

话语分析的一个内在困难在于从众多持续“互动”中选择

特定的言语和语言样本：这里有无限的选择。正如大量当代期刊论文阐明的那样，选择常常是在没有任何令人信服理由的情况下做出的，从而引发了“代表性、选择性、偏袒、偏见和发言权”问题，其后果之一似乎是一系列可能没有尽头的事实收集活动。

评论家也注意到这些困难，这一领域的说明性文字可能比所研究的现象更加详尽（并且占据更多篇幅）。这里有个例子令人震惊：一本学术专著分析了一论文评审委员会对一篇博士论文的评审意见，全书长达六百余页，但其中实际分析的笔录不到三百行，仅呈现了四名评审委员之间大约十分钟的对话内容。该专著显然大大改进了博尔赫斯著名的以1∶1比例绘制的世界地图——这里有可能绘制出一幅比实际世界本身大数倍的社会语言世界地图。尽管如此，专著作者后来承认，既没有产生“全面的话语分析”，也没有形成“统一的社会语言学描述理论”，他甚至认为这样的分析是一种幻想。最后，一位审稿人承认（他怎能不承认呢？）这本著作已经表明，如此之少的东西竟然可以衍生出如此多的东西——但他最后评论说：“对于口语互动的学生来说，这样的经历证实了已知。”*Parturiunt montes; nascetur ridiculus mus*——大山分娩，生出个耗子！[①] 44

整个研究领域也变得动荡不安，内部纷争不断，这或许例证了“学术内讧之所以如此恶毒，是因为风险如此之低”这一警句。不出所料，其中有许多行话，而与此同时，研究经常在显而易见和难以理解之间交替。刘易斯·科泽尔也曾评论过一种奇

① 原文为拉丁语，出自贺拉斯《诗艺》，该故事最早见于希腊寓言作家伊索的作品，意为：大山临蓐，养出来的却是只可笑的小老鼠。（花费了很大的努力，得到的结果却微乎其微。）

怪的倾向（不局限于民族方法学家），即那些对语言和交际感兴趣的专业人士自己却不善于沟通。本是为了颠覆枯燥乏味的社会科学经验主义和狭隘的实证主义，话语分析及其分支却日益变得自闭和孤立。就像一盘国际象棋（但更为复杂，因为其规则有无限重新定义和调整的可能），它们对玩家很有吸引力，但通常完全脱离社会现实，而社会现实本应该是它们的基础，也是它们洞见的接受者。

话语分析以其各种不同形式和侧重点，仍然在许多职业圈大受欢迎。它给从业者带来相当大的好处，至少在他们日益占据的固有范围内是如此，但却没有为预期受益人创造任何重大的突破性进展。大多数社会科学家的大部分研究，在大多数时间里，对其所在社会的直接贡献微乎其微。但是，我们在考虑研究领域时应该特别小心，因为这些领域是为产出研究成果而存在，其调查结果通常是“实地”收集而来，但它们对该实地的认识受限，且其行话和新词的产生是以几何速度增长的。我们已按若干主题进行了良好有益的语言分析，但毫无疑问还会有更多的主题。该领域有一定的前途，但目前本质上是一个封闭排
45 外的专属领域，几乎没有应用价值。

第四章

保护语言

与大多数科学的或非正式的研究一样，对语言和社会关系的关注通常涉及比较和分类，这些往往导向对质量的评估。尽管“纯粹主义”和“规定主义”这两个术语在许多方面不再被视为正确的判断立场，但它们在其他方面仍然保持着旺盛的生命力。虽然并非所有的语言纯粹主义都是愚蠢的，也并非所有的规定主义都是无用的，但必须承认，当代学术界厌恶规定主义。这种厌恶在一定程度上是基于一个完全错误的观念，即研究某种东西就等于公开支持它；同时，这种厌恶也忽视了我们都信奉的世俗规定主义。

粗略地说，语言**规定主义**反映了必须维持语言标准并抵制不必要影响的观点。（在涉及不良**外来**影响时，**纯粹主义**有时是首选术语。）在欧洲语境下，拉丁语的衰落和欧洲民族语言的崛起是推动规定主义的重要力量。随着欧洲民族语言的崛起，文化和语言的特殊性之间产生了联系，由此不可避免地产生了保存和保护这一日益被视为重要边界标记的愿望。在当代，则表

46 现为：说法语的人将英语拒之门外的企图、对语言“衰落”的担忧、对俚语潮兴起的抱怨，以及对“正确性”的关注。

传统上，语言规定主义在学者和词典编纂者负责的某种形式的语言规范工作中占有重要地位。一种标准化的语言，特别是在印刷时代，需要某种“规范化”，但这意味着要做出选择来强化部分方言、削弱其他方言，这是区分标准方言与非标准方言过程的一部分。而且，人们在认识到“普通”用法最终将会占据上风之外，对于规定主义的**程度**一直存有疑问。

正式的规定主义干预通常是为了应对因技术进步、读写能力提高和民族团结观念膨胀而产生的语言规范化的需要。以威廉·卡克斯顿为例，由于印刷的迫切需要，他不得不从不同的英语方言中进行选择。在1490年出版的《埃涅多斯》（《埃涅阿斯纪》的一个版本）的序言中，他思考着该如何做出改变：

> 当然，我们现在使用的语言与我出生时所使用的语言大不相同……一个郡说的英语和另一个郡的也不相同……确实，由于语言的多样性和变化，很难让每个人都满意。

贺拉斯在其《诗艺》中建议词语应该按照其日常用法来使用，鼓励谨慎而直接的写作，避免创作辞藻华丽的散文。仅仅一个多世纪后，昆体良在其《雄辩术原理》（约公元100年）中写道，语言的正确性最终与公众用法有关。如此看来，他似乎同意贺拉斯的观点，提倡语言**描述主义**而非规定主义或纯粹主义。
47 然而，与此后许多类似的评论家一样，昆体良心目中的公众范围相当有限：他指的是**受过教育**的公众，而不是语言中充满“非规范语言现象”（附带说一下，该词“barbarisms”为希腊语，意为“口吃”）的大众。15个世纪之后，法国语法学家沃热拉勉强接受了通俗用法最终占据统治地位的现状；但他指出，只有贵族的最佳代表和当时的作家才能成为标准的制定者。

实践中，对公认标准的合理要求总是与正确性观念交织在一起，这意味着有必要进行有理有据的选择。国家语言学院和理事会的工作在这里一直占据主导地位，法兰西学术院就是最好的例子：1635年，红衣主教黎塞留赋予它“对于文学和语言的……绝对权力”。学术院一直由四十名成员组成，成员主要为作家和其他学者，他们的工作是监督和规范法语的发展和完整性。与其他地方的类似机构一样，他们的努力，无论是在语法和词汇的产出方面，还是具体到试图干预语言使用的力度方面，并不总是很有成效。但这并没有减损他们表现意愿和意图的重要性，也没有削弱他们作为群体身份保护者的社会和政治角色。不管是自封的还是皇室荣誉的获得者，院士们的保护主义冲动通常都能依靠广泛的民众支持（即使民众并不理解）。

语言保守主义者的观点通常得到广泛赞同，在公众中仍然具有说服力，并对众多风格手册、语言手册、袖珍指南书，当然，还有大众媒体上频繁喷发的言论做出了解释。历史上，许多“正确的”语法、词汇和用法手册虽然时常谴责不必要的外语入侵，但其重点还是放在了方言上。人们通常认为方言威胁到语言的统一，并阻碍了语言标准化的实践进程。以18世纪的法国为 48
例，加斯科涅、佛兰德斯和普罗旺斯的方言受到了极其严厉的批评。语言手册在英语国家广受欢迎、经久不衰，这不仅体现在数量上，还体现在它们所提供的深度变化上：亨利·福勒、欧内斯

图4　法兰西学术院是组成法兰西学院的五个机构中最古老的机构。此处呈现的是从连接法兰西学院和卢浮宫的人行天桥上观赏到的景色

特·高尔斯、罗伯特·伯奇菲尔德和其他人所从事的庄严事业，在我们这个时代，金斯利·埃米斯、西蒙·温彻斯特、比尔·布赖森和琼·艾奇逊则会以更轻松、更个人化的方式去处理。看起来，他们都对语言规范持有不同意见。

有影响力的作家和公众人物早已就语言衰落和衰败撰写过文章，找出了罪魁祸首，并提出了解决措施：从来都不缺乏“业余行善传教士”。但是，并不是每一位批评家都受到了宗教热情
49 的鼓舞。我想到了乔治·奥威尔几篇关于语言的文章，但除此之外，还有许多其他深思熟虑的论述，它们不是狭隘地以“吾即苦难”的方式去对待腐朽和毁灭，而是更有分寸地去批评对语言故意或无知的误用、不必要的新词、行话和政治宣传。

在更狭义的层面上，规定主义已经成为低俗词语，有学者认

为，试图干预语言的“自然”生命既不可取，也不可行。有意放弃规定主义，与其说是不可知论，不如说是无神论：有意识的不信仰本身就是一种信仰，而拒绝干预本质上是相反方向的规定主义。无论如何，语言学家在匆忙摆脱规定主义的过程中，可能放弃了作为仲裁者的有用角色，并可能将大部分领域留给了德怀特·伯林格称之为“语言巫师”的那些人。伯林格是为数不多愿意撰写语言“公共生活”的语言学家之一。他公正地批评了这些明显怪诞的因素，但也理解人们对权威标准的渴望，不管对此所知是多么匮乏。

规定主义及规划

乔纳森·斯威夫特在其1712年的《修改、提高和确定英语语言的提案》中，反对“灌输狂热的行话”，反对复辟时期堕落的“放纵”。他呼吁“精英人士”或许可以仿效法兰西学术院组建协会。支持和反对规定主义机构的争论一直存在（而今依旧存在），但是英国、美国以及其他任何英语国家从未出现过政府资助的英语语言学院（1961年，南非曾经**成立了**一所英语学院，但未获得官方认可）。在世界上大多数国家（通常情况下是地区）均有语言规划机构的情况下，这种现象很反常。目前至少存在一百个这样的机构，其中多个机构有重要的分支机构，如八九个阿拉伯语学院或二十个左右的西班牙语机构。 50

大西洋两岸的英语母语者并没有忽视制定标准的需要和诉求。英国和美国均摒弃了整个欧洲和其他地区非常常见的学院模式——也许是**因为**该模式在别处非常常见——而选择了单人模式。1755年，塞缪尔·约翰逊的大词典在英国问世。早些时候，约翰逊采取了一种“净化”态度，但他变得更具描述性（尽管有时很不情愿），拒绝任何“防腐”语言的尝试，并暗示试图阻止语言变化是不明智的。

继承了英国语言传统意味着新独立的美国也继承了对规定主义的矛盾态度。尽管有些人主张建立正式机构以阻止语言“退化”，其中最著名的是约翰·亚当斯，但人们普遍认为，这样一个体现精英或君主主义者同情的主张不太可能得到太多支持。因此，美国的单人学院以诺厄·韦伯斯特的形式出现，其词典于1828年出版。和约翰逊一样，他也明白“通用用法的力量”不可抗拒。并且，像约翰逊一样，他也希望阻止“用词不当和粗俗用语”的使用，以及消除“地方方言令人讨厌的特质”。然而，与约翰逊不同的是，韦伯斯特认为他的作品既有区分又能统一，此处区分指区别英语用法与美语用法，即国家身份认同。在其词典编纂过程中，韦伯斯特想要采用一种共享的语言，并给它披上一件与众不同的美国外衣。他的一些创新成果深入人心，例如，用color代替colour，center代替centre，traveling代替travelling等；其他建议的效果则不尽如人意（例如，tung和thum）。另外，他还慎重地在词典中留出一席之地，收录了当地人[①]的词汇（skunk, moose, succotash）。

词典编纂者的工作，无论过去还是现在，都清楚地表明了描述主义和规定主义之间的张力持续存在。即使是最“包容”的
51 处理，即使是最广泛的语言网络，都必定涉及选择。除服务于标准化和规范化之外，个人和委员会的工作也始终服务于国家团

① 当地人即印第安各部落的人，skunk、moose、succotash分别意为臭鼬、驼鹿、豆煮玉米。

结。正如托马斯·威尔逊主教1724年所写，“一种好的语言……对一个国家来说，既是**荣誉**，也**大有裨益**”，从而认可语言既是工具又是象征。韦伯斯特认为一个已脱离其起源的国家应该拥有自己的语言，因此，他期待最终的语言分裂。在19世纪詹姆斯·默里的《牛津英语词典》中，约翰逊强烈的英国民族自豪感再次显现。语言学家马克斯·缪勒将其视为爱国行为，旨在维护英国的“国家荣誉”。

考虑到那些伟大的英语词典在语言标准化方面所做的努力，同时也考虑到语言和群体认同之间关系的重要性，很明显，当前全球范围内的英语正以有趣的方式让问题变得复杂。“多种英语”的世界里有着许多区域变体和地方标准，人们对英语“所有权”的看法正在迅速改变。在很长一段时间内，英国和后来的美国作为老一代英语母语者的老字号权威仍然不容置疑，但是，现在数百万新的英语母语者出现了，他们主要是昔日大英帝国的殖民地附属国的国民，还有数百万将英语添加到其交际语库的人，这意味着当代规定主义者的意图、需求和干预已经变得包罗万象了。

早期，学者们是规定主义者，但是现在只有大街上（或报纸上）的人们才有可能反对变化、不良影响和退化，为要求正确性、权威性和维护标准而大声疾呼。然而，因为语言“管理”问题仍然很重要，规定主义者的立场对当代学术界来说并非完全陌生。语言规划者所做的各种各样的工作在某种程度上必然是规定性的，因为所有这些工作均预先假定了目标和希望实现的结果。无论是构建新的或已修订的正字法，还是在方言中进行选择，抑 52
或是实施拼写改革，所有规划均不可避免地受到意识形态规则的影响。可以肯定的是，语言规划理论是公正的，但是应用时就会立即涉及意见和偏好，在一些人看来是可取的进步，对另一些人来说可能就是迫害。在某些最具戏剧性的例子中，如塞尔维亚-克罗地亚语这一例子中，身份诉求可以凌驾于交际的实用性之上。

这里还有最后一点：任何为了保护濒危语言而进行干预的愿望均意味着愿意参与规定主义的实践，这种干预愿望现在对学术界内外的许多人都具有吸引力。对于那些心血来潮的自由主义者来说，这是耐人寻味的难题，他们通常既关心“小的”、“真实的”和“受到威胁的”语言，又不喜欢“干涉”其他文化。

规定主义不曾、不可能也不应该随着现代语言学深刻见解的出现而结束。一些德博拉·卡梅伦称之为“言语卫生”的行为可能会受到谴责，但肯定不是所有的行为都会受到谴责。一方面是，基于狭隘和大多不公平的社会包容和社会排斥概念的规定主义和纯粹主义；另一方面是，为普遍希望的规范化而进行的合理规划。两者之间永远存在着张力。

简而言之，所有的语言规划均是规定性的；虽然有些具有无可辩驳的狭隘和偏袒性，但是，在大多数学者支持下进行的规划仍更为合理。语言规划可以有诸多重要的形式。决定哪一个变体将被赋予某种官方或国家地位，这完全反映了语言的选择。语言可能需要标准化（例如，新兴欧洲国家的语言变体便是如此）。书写系统可能需要发展，语法可能需要规则化，词汇可能需要扩展和现代化。文献已将这些活动形式化为语言选择、编
53 纂、实施和完善；前两者构成“地位规划”，后两者构成“本体规划”。纯粹的语言方面（编纂和完善）不及社会方面（选择和实

施）重要。学术语言规划者本质上从事专业活动，虽然这些活动显然涉及真正的专业知识，但它们通常发生在其他人（政客和管理者、首领和国王）做出核心决策**之后**。虽然著名民族主义学者埃里·凯杜里特别谈到的是语言边界的合理化，但是，他的观点在这里也大体适用。他写道："认为语言学教授和民俗收集者能做政治家和军人的工作，这一想法很是荒谬。现实情况是，利益冲突者使用学术调查来支持他们的主张，而其结果只有在某人有权使它们占据上风的情况下才会占据上风。"

语言生态学

"语言规划"这一宽泛论题下的具体研究成果引发当前人们对"语言生态学"的关注。对语言社会生活进行有意义的处理总是关注必要的语境，而细心的学者总是具有生态意识的先锋派。尽管"语言生态学"这一术语含义广泛，但生态议题下的当代研究往往已成为一种狭隘的规划变式，仅仅聚焦于濒危语言面临的威胁。这并不是说所有现代语言规划工作均是在这一特定议题下进行的，但是，"新"语言生态学似乎的确越来越具有吸引力。因此，它成为一门有用的实物教学课程，涉及诸多重要方面，揭示了数个严重的不足之处，并且应该能引起普通读者和学生的兴趣。

20世纪70年代首次普及之时，语言生态学这一分支学科视 54
野广阔，旨在涵盖语言与其环境之间的**所有**联系，并抵制任何以孤立或独立的方式来思考语言的倾向。然而，其视野范围一直在逐步缩小。现在，越来越多的文献主要关注语言多样性的维护，这被视为绝对真理，在任何可能被动摇的地方都要加以捍卫。虽然真正的生态学视角会考虑从语言蓬勃发展到语言消亡整个过程中的各种关系和结果，但如今现代的变式主张建立更友善、更温和的关系。正如生态语言学家彼得·穆尔豪斯勒最近指出的那样，“如今，有效生态系统的特征主要是互惠互利的关系，只在很小程度上存在竞争关系”。这个规则似乎并不合理，因为语言环境和所有其他环境一样，往往是严酷或冷漠的。例如，大小语种之间的关系往往不太和睦，这让人想起伍迪·艾伦对《以赛亚书》中一段话的改写：“狮子和小牛能躺在一起，但小牛肯定睡不踏实。”

无论是语言还是其他方面，人们普遍偏爱多样性。事实上，很难想象任何受过教育的人会赞成单调而不是趣味，赞成千篇一律而不是千姿百态。但这并不意味着绝不能质疑“语言多样性永远是适宜且有价值的”这一观点。同样，学者们也不应回避对多样性蓬勃发展所需条件的全面冷静思考。如果当代语言生态学扩展了早期观点，并提出了维护濒危语言的新方法，那么人们对待当代语言生态学形式缺陷的局限性可能会更加宽容。实际上，这些缺陷只会凸显那些人们已透彻了解一段时间的困难。除档案防腐之外，大多数困难均可以通过这句话来总结：语言维
55 护不仅仅只关乎语言本身。承认这一点，会让人想到常见困难的范围。

“语言丧失”有点用词不当。尽管多种语言变体确实已经消失，但说这些语言变体的人从不缺乏交际能力：从一种媒介转换到另一种媒介的过程中，很少有人真的一言不发。但是，某些绝对丧失的观点通常会成为支持维持多样性的论据。责难“祖先文化”的消逝很是令人不解，“就好像文化是静态系统，而随着生

态变化出现的新文化必然不能适应”（正如萨利科科·穆夫温最近指出的那样）。从生态学角度来看，这种非动态的观点无疑具有讽刺意味，它反映了一种错误观念，即“只有一种语言才能最好地反映或传达一种特定的文化”。

最近，在语言生态学文献中出现了一个将语言和生物多样性进行比较的论点。因为大多数人均会赞同，所有种类的多样性都可以让世界变得更丰富、更微妙，这种联系在隐喻层面上很是耐人寻味。如果我们为了拯救蜗牛和鲸鱼，为了维护历史建筑，为了保护珍稀文学和文化文物而进行干预，难道我们不应该也试图阻止语言衰落，防止较大语种吞噬较小语种吗？事实上，有些人认为这种联系不仅仅是隐喻，语言多样性和生物多样性**实际上**存在着联系。这一论点还有待考证。但不管怎样，均存在一个实际问题，那就是拯救语言比拯救物种更加困难。当然，保护动植物非常困难，但是只要有足够的决心，我们就可以实施某种程度的控制，而这种控制在人类文化和语言中只有实施独裁的强加行为才有可能实现。

那些对生态语言学感兴趣的人经常指责人类破坏生态平衡的行为。然而，在什么领域，人类的“干涉”**没有**改变事物呢？哪些社会领域可能会**没有**这样的行为呢？这就似乎在哀叹我们有两只耳朵这一事实。这里我想到的是许多生态思维奇怪的静态特性：其含义似乎通常是，一旦实现了某种文化和语言的平 56
衡，纠正了一些错误，做出了一些补救，新的安排将会永远保持下去。这种想法同样也很幼稚。

当代语言生态学的思想基础之一表现为对读写能力和教育的不信任，因为读写能力和教育经常削弱对语言多样性的保护。

事实上，学者们有时会认为，提升读写能力实际上不利于“语言的生命力”。就像大语种是恶棍一样，书面语也会把口头语挤到一边，抹去它们所承载的传统知识。读写能力也被视为一种特洛伊木马，使用濒危语言的人一旦有了文字，就会陷入一种虚假的安全感中。诚然，读写能力并不一定会带来社会或政治的进步，但试图以牺牲读写能力为代价来换取语言维护，那无疑是危险的。

一个相关观点是，正规教育并不总是持久多样性的盟友，因为它也具有入侵性。相较于口头表达，正规教育更推崇读写能力，而且经常将外国（即“西方”）的价值观和方法强加于小文化。对文化入侵的哀叹很难不让人产生同情，但**所有的**全面教育在本质上均是多元文化的，它拓展当地人的视野，跨越国家和学科的界限。试图将世界拒之门外并不能有效解决困扰小语种的难题。如果相互接触的语种影响力不同，教育必然会提供其明显差异的证据。在合理的民主环境中，教育所反映的比其所引发的要多很多。

现代生态学视角被浪漫化了。正如18世纪的浪漫主义是对启蒙运动的反拨一样，现在也出现了对科学文化及其知识之
57 于“民间智慧”的“特权”的贬低。人们特别重视小文化和当地知识，具体表现为两种形式。第一种是简单而完全合理的愿望，希望这些文化和制度能够继续存在。第二种观点认为，他们的行为和价值观优于更大社会的行为和价值观；这种观点通常以某种低调的方式表达，但偶尔也会露出马脚。因此，塔帕尼·萨尔米宁认为，“即使不把土著文化浪漫化或理想化，土著文化也显然优于大众文化，因为其成员至少保留了与自然环境相对和

谐生活的能力”。尽管有免责声明，但这也**是**浪漫主义，正如路易莎·马菲最近的新书献词所言：“献给世界上的土著和传统民族，他们掌握着语言、知识和环境之间密不可分联系的关键（原文如此）。”

对当代世界的厌恶——弗兰克·波尔岑哈根和勒内·德文将其称为一种“明显的反全球化、反西方和反笛卡尔主义”的立场——往往构成代表小文化的争论背景，并且处在浪漫化的语言生态学模式的中心。

当代语言生态学通常认为，所有人均有**权利**维护和使用自己的母语，而团体、组织和政府有义务尊重和鼓励人们行使这一权利。虽然可以通过立法规定语言表达权，但通过立法来规定理解语言表达权却相当困难，而且如果在语言真正兴盛或衰落的公共和非官方生活领域，对语言使用的正式保护几乎或根本没有交际价值，那么这种保护也是相当空洞的。

还有一些更深层次的问题。其中，最关键的是权利究竟是否存在。也许没有与生俱来的权利，也许只有主张，也许我们所接受的人权是那些得到广泛赞同、随后受到法律保护的主张。无论如何，目前对“语言权利”的强调通常仍停留在主张的层面
上，暗示**主张**就足以在某种程度上使这些权利与目前由刑法或 58
民法支撑的权利具有同等的基础力量，这是虚伪的。换句话说，受法律保护的权利意味着道德主张，反之则未必成立。（今天只是令人向往的东西，明天当然可能成为合法的法典。）人们通常也联系群体来讨论语言权利，这可能与将权利赋予个人的传统自由民主原则相抵触。一些政治哲学家，包括威尔·基姆利奇卡、艾伦·帕滕和菲利普·范·帕里斯，已经开始更加仔细地研

究这种区别，但是在语言生态学文献中很少能获悉他们细致入微的研究。

简而言之，目前语言生态学方面的诸多研究反映了一种特定的社会政治意识形态，旨在维护语言多样性、鼓励语言学习、认可语言权利；一般来说，这些均是对大语种的抵制，特别是对英语的抵制。穆尔豪斯勒主张学者成为“语言多样性的商店管理员”，这暗示了学者的积极作用。当然，这些并不意味着语言学家和其他人必须放弃个人观点和抱负。这些均不能说明语言多样性的理由是没有根据的，而是恰恰相反。然而，在语言生态学这一非常笼统的主题下提出一套非常具体的论点是一种误导。当这些论点其实是建立在对道德和审美偏好的特定认知之
59 上时，声称它们是唯一可以接受开明观点的论点，也是一种误导。

第五章

大小语种

语言存在优劣之分的观点由来已久。早在约公元前55年，卢克莱修在其伟大的哲学诗篇《物性论》中就数次谈及拉丁语的不足之处，提到其用拉丁语为读者阐释希腊理论和新发现时的困难，以及“我们母语”的贫乏给他带来的挫败感。的确，他的说法在某种程度上是正确的：其同时代的一名译者指出，相较于希腊人，罗马人是

> “半开化”的民族，他们在管理国家和战事方面展现出无与伦比的天赋，但迄今为止，却很少思考“宇宙的本质”。卢克莱修时期，拉丁语中没有公认的哲学和科学词汇，因此，他那一代人不得不按照希腊模式为自己创造一套词汇。

然而，卢克莱修对拉丁语的悲叹之情，其依据也存在些许问题，这表现在诸多方面。第一，专家之间可以通过希腊语本

身获取希腊人的知识。希腊语就是当时的拉丁语，是当时的学术通用语。第二，卢克莱修时期，拉丁语并不像上文译者所说的那样在智识上如此匮乏，也不完全是“半开化”民族的媒介。第三，与此相关的是，卢克莱修承认拉丁语中新词汇在不断增
60 多，这印证了先前一个有关方言的重要观点。虽然并不是所有的语言变体在其使用范围内均能得到均衡发展，但是它们足以满足当时说话人的现有需求。当这些需求改变时，也只有在需求改变时，语言才有望发生变化：所有语言均具有无限变化和扩展的潜力。

当然，大多数的语言比较均是将其自身优越的变体与其他稍逊一筹的变体进行比较。16世纪神圣罗马帝国皇帝查理五世认为西班牙语是唯一适合用来讨论神以及与神交流的语言，意大利语和法语则适用于日常对话。德语则是更为粗鄙的语言，查理五世说他跟马匹说的是德语。两个世纪之后，伏尔泰拜访柏林的皇家法庭时发现了类似的语言分布：和欧洲其他上流社会一样，法语是声望极高的语言，德语则“用于士兵和马匹”[①]。

17世纪早期，英国古文物研究者理查德·卡鲁写道，意大利语“宜人却缺少力度”；法语“雅致却永远像女人那般温柔”；西班牙语“庄严却令人生厌”；荷兰语“阳刚却十分刺耳”。没有哪种语言能与英语的整体“卓越”一较高下。安托万·德·里瓦罗尔在18世纪晚期发表的言论更加为人熟知。他说，法语是表达清楚和意义明晰的代名词。的确，“模棱两可的均不是法语”[②]，而英语和其他语言则容易引起歧义。牧师兼教师乔

① 原文为法语。

② 同上。

治·莱蒙鄙弃其他任何语言，认为它们均不能与18世纪“纯正高贵且优雅庄严的”英语相媲美。19世纪中叶，美国外交官、语言学家乔治·马什写道，英语“无疑是商业、文明、社会和宗教自由等领域的重要语言，是传播智慧和促进天主教慈善事业发展的最佳语言”。与此同时，牧师爱德华·希金森涉猎文献学（当
时很多神职人员均是如此），他写道：“没有，也从来没有一种语 61
言可以与英语相提并论。”

这些和许多其他类似的立场观点是完全可以预见的。群体认同需要边界，最好是那些能让人为之骄傲的边界，而具有语言排他性的表达可以巩固这些边界。就其本身而言，这些评价既不准确又荒谬可笑，但从社会层面来看，却具有启示性意义。具体而言，它们凸显了对文化和语言优势的自豪感，这种优势看来无疑是永恒的。许多当代人难以想象英语的衰落：英语在全球的普及无与伦比，英语的发展也从未间断。的确，英语具有早期通用语所不具备的优势。历史先例本应表明，英国实力的衰落意味着英语的衰落，但是，说英语的美国正在蓄势待发。即使包括“金砖四国”（巴西、俄罗斯、印度和中国）在内的其他国家现已准备好取代美国的优势地位，但人们已经彻底习惯了用英语交流，并且随着新经济体继续使用这种用于广泛交流的语言，英语将继续盛行下去。若是如此，我们可能会遇到一个历史上很奇怪的情况，即，地区实力和威望的变化可能并不意味着现有语言命运的变化。

英语一度是小语种。随诺曼征服而来到英国的法语既是入侵语言，又是地位和威望的标志。因此，13世纪，格洛斯特的罗伯特评论道，“vor bote a man conne Frenss me telt of him lute / ac

lowe men holdet to Engliss"[①]。换言之，除非一个人懂法语，否则人们不会理会他；而且只有“下等人”才坚持使用英语。即使考虑到其在诺曼法语面前的韧性，英语仍旧是小语种。法语、西班牙语和意大利语是当时具有影响力的国际语言，英格兰都铎王
62 朝和斯图亚特王朝时期的人们都广泛学习这些语言。伊丽莎白女王只是众多语言学习者中最杰出的一位。

方框D

约翰·弗洛里奥的《启蒙识字本》(1578)选段(该书是教授英国绅士意大利语的教科书和手册)

“请告诉我，你对这种英语有什么看法？”

“这门语言在英格兰对你有好处，但是过了多佛尔，它就毫无用处了。”

“那其他国家不使用英语吗？”

“是的，先生，你和谁用英语交谈呢？”

“和英格兰的商人。”

“英格兰商人出了英格兰也不说英语了。”

“但是，你怎么看这门语言呢？是华丽优雅还是正好相反呢？”

“请相信我，我一点也不喜欢它，因为它混杂着许多其他语言，令人困惑：它从拉丁语、法语、意大利语以及荷兰语中借来许多词汇……”

① 这是当时混合了法语要素的英语，其现代英语为：“For unless a man knows French, men think little of him. But low men hold to English and to their own speech yet.”。

虽然英语后来的发展使其处于优势地位，但直至17世纪初，它都几乎没有显现出未来可以称霸全球的迹象。即使有四五百万人说英语，英语的重要性仍然有限，在语言竞争中也处于劣势。如今，人们很容易忘却英语的历史变迁。英语的优势和使用范围可能比先前的通用语更大更广，但这种差别只是程度上的，并不关乎本质。英语母语者不应大谈特谈英语的影响力，当然，也不应该站在历史的角度认为需要弱化英语对其他语言的影响。那些自身语言和文化被笼罩在较大邻国阴影之下的人所感受到的焦虑一直真实存在着。不过，我们此处看到的是 63
一部非常古老的戏剧，虽然演员阵容不断变化，但情节却始终如一：某种永恒的《捕鼠器》[①]。

帝国主义与危机

有人认为，英语传播速度之快，范围之广，很大程度上得益于各个以英语为母语的政府及其公职人员的助推。这种所谓的“语言帝国主义”被视为“语言主义”的主要动力。当然，语言歧视一直存在，在特定语境下刻意禁止使用某些语言不仅仅是个历史问题（当然，语言歧视也不总是涉及英语）。但是，认为某些霸权的推动是语言传播的关键，这一观点过于死板、狭隘。的确，对于行动主义者，甚至某些中立的语言学者来说，承认英语背后的强大非官方力量在影响并推动语言发展，就意味着接受一个难以忽视的真相。

---

① 《捕鼠器》（*The Mousetrap*）是“推理小说女王”阿加莎·克里斯蒂最著名的舞台剧，从1952年11月25日开始，该剧连续上演近70年经久不衰，成为全球有史以来连演时间最长的舞台剧。

英语似乎确实传播得越来越广，将那些不太占优势的语言挤到了一边，但是这一过程与阴谋论无关。英语发展的利益捍卫者和促进者必定会支持英语，英语母语国的外交政策——通过英国文化教育协会等机构的运作——鼓励并欢迎英语在全球的传播和推广。然而，这种有意识的支持并非至关重要。政治、经济和文化优势所产生的强大非官方力量，总是将人们引向当时最有影响力的语言，这足以解释英语的现状。没有这些非官方力量，官方出台的政策将会愚蠢且无效。（顺便提一下，法国有法语联盟，葡萄牙有卡蒙斯学院，意大利有但丁协会，德国有歌德学院：许多国家为推广语言和文化建立了国家机构，以上只是
64 部分示例。这种官方推动是正常的。）

这种帝国主义论点的一个重要方面是，居于从属地位的人们易于操控且其最大利益已被践踏，他们被迫使用影响力大的语言。然而，这一论点既没有充足论据，也不能令人特别信服。今天，世界各地的群体不仅仅是英语的被动接受者，而且，有趣的是，那些反对语言帝国主义罪恶的人，他们自己似乎也很傲慢，暗示全世界数百万英语学习者缺乏“能动性”。1996年，英联邦前秘书长施里达斯·兰法尔爵士写道，虽然英语传播背后的历史并非总是值得骄傲，但其语言遗产如今对所有人均大有裨益。社会学家乔舒亚·菲什曼对大语种不感兴趣，他提到英语与其他语言之间的交流并没有凸显帝国主义，而是强调了实际性的愿景，这通常会导致语言上的分工。正如另一位学者所说：“接受英语作为通用语是两厢情愿的。”

客观地来看，英语在全世界的普及并不是英语母语者共谋的结果，学习者也不是勉为其难或不假思索地简单认同入侵语

言。事实上，出于实用性考虑而接受英语，也促进了较小语种的发展：两者同时发展也就不足为奇了。

撇开阴谋和帝国主义不谈，人们确实有理由担心，英语将会在越来越多的领域取代其他语言。因此，反对语言混乱的重要呼声此起彼伏。有望成为诺贝尔奖得主的肯尼亚小说家恩古吉·瓦·提安哥多次强烈呼吁非洲人在语言和文化方面进行“去殖民化”，他决定撇弃英语，转而使用母语基库尤语进行创作，这一决定为其呼吁提供了支撑。另一方面，同样杰出的非洲作家钦努阿·阿契贝则刻意使用英语这一殖民者的语言。他不 65
仅鼓励用当地语言和大语种同时创作平行文学作品，还强调了“多种新英语”的出现，即那些世界各地越来越常见的本土化的语言变体。

对于英语传播，人们看法不一，但如果将英语本身作为行动的中心目标，期望英语传播会受到有意义的影响，那完全不切实际；而这似乎是众多语言复兴主义者一再陷入的误区。语言是更大的文化包裹的组成部分，除非人们采取十分革命性的措施将它们拆开再重新打包——他们通常不愿如此行事——否则不太可能发生持久的语言变化。若既期望发生持久语言变化，又希望同时保留“文化包裹”中的其他部分——这些部分通常包括诸如现代性和机动性这样的理想实体，无疑是痴人说梦。

当小语种没有官方影响力时，大语种对小语种施加的压力最为明显和严重。对于那些没有国家支持的语言来说，要想吸引长久的使用者通常需要依赖于文化传承和文化传统。这样的语言不在少数，但是，当日常需求更为迫切时，它们又会显得无足轻重。那么，那些有幸拥有国家支持的小语种，情况又会如何呢？它们能更好地应对抵制吗？简而言之，答案是肯定的，但是如果认为获得官方语言地位意味着转危为安，那就大错特错了。爱尔兰语属于凯尔特语族，是其中唯一作为官方语言的语种，但这并没有使之成为这个大家族最重要的语言，也没有阻挡住政治独立，或者更重要的是，其并不是真的**想要**在边境口岸阻挡住外语的影响。从其他语种（例如荷兰语、丹麦语、芬兰语和瑞典语，更不用说普罗旺斯语、加泰罗尼亚语、威尔士语和其他语言）也可看出，在国家和地区层面上的长期官方地位并不能保证它
66 们得到保护。

尽管《凡尔赛和约》打破了以往的国际惯例，是第一份用英语而非法语书写的条约，但直到第二次世界大战后，英语在全球的扩张才显著升级。现在，世界上绝大多数的学术文献均用英语发表，而其中至少有一半是由母语非英语国家的作者撰写的。尽管如此，随着电子技术的发展，世界的联系更加紧密，小语种可能会从中受益。早期的互联网传播研究表明，英语占据了头等重要的位置，但是，后期的研究表明，越来越多的其他语言出现在大众视野中。毫无疑问，多语言网络系统有利于保持语言
67 多样性。

第六章

忠诚、维护、转用、丧失及复兴

一切语言和方言均是身份的载体；都具有心理意义和象征意义，而这些意义又伴随着更为显著的交流价值。大语种使用者几乎不用考虑这一点。但是，少数群体成员却很难奢望能忽视这一点：对于他们而言，他们语言的工具性与象征性相互脱离。小群体更大的文化与语言脆弱性会让他们陷入更尖锐的语言问题中，因此，社会语言学更关注少数群体成员而非“主流”群体成员。这类群体中最显著的，因而被学者研究最多的，是族裔民族社群。他们因入侵、联盟、分裂或者其他国家变更安排变成了自己国家的少数民族；或者由于移民而规模变小。

有人提出，应该对这两类群体做出不同的调适。也许土著群体应该得到更多的官方关注、更大的社会利益或更广泛的政治自治权，因为我们猜想他们是“原住民”（“这块土地上的”），是“最先来到这里的”。而移民群体或许应该降低他们的期望值，毕竟除了一些不合情理的情况外，他们都是自愿移民的。插
点题外话，尽管这里明确针对语言方面的问题，但问题并不那么 68

简单明了，就像他们被称为“少数民族”本身一样。

例如，法语在加拿大是少数民族语言吗？答案取决于人们采用的地理视角（省、地区、大陆）。那少数民族内部的少数民族呢？这里，我想到了魁北克省的土著群体，还有位于苏联加盟共和国格鲁吉亚境内的阿布哈兹和奥塞梯飞地。许多情况下，少数群体对其内部更小群体所面临的困境并不特别敏感。许多主张脱离加拿大的魁北克民族主义者会反对詹姆斯湾克里人采取同样的行动。在确定少数群体地位方面，人数也很重要，但人数并不是唯一也不是最重要的因素。在南非，讲本土语言的人数总是远远超出讲英语和讲南非荷兰语的人数，但是讲本土语言的族群却处于边缘地位。显然，从历史上看，次等地位与权力的关系要比与人口数量的关系大得多。

土著和移民少数族群最明显的区别在于前者仍居住在其世代相传的故土上。这样，即使失去了权力和地位，他们也能延续祖先文化。但这里也有一些复杂因素，其中首要的是时间因素。如今斯里兰卡的泰米尔人中，一些人的祖先一千年前就来到该岛，而另一些人的祖先则在19世纪中期迁移至此。那么，前者是土著人，后者就不是吗？五百年后，我们又将如何看待欧洲显然已定居在此的客籍工人（*Gastarbeiter*，20世纪六七十年代的“客工”）呢？威尔士人和布列塔尼人是其现居地真正的土著吗？他们不是更早历史时期的入侵者吗？如果加拿大和美国均为移民国家，那么随着时间推移，是否有一些人现在已经变成了土著
69 居民？在土著群体的眼中，讲英语的人也是移民吗？而反过来，这些土著自己不也是通过白令海峡远道而来的移民吗？

不同的群体相互接触时，他们对语言的依恋会变得更加明

显。当然，显现出的“语言忠诚”会与更宽泛的群体忠诚及身份认同紧密交织，此时，身份认同已被推到风口浪尖，或许还受到了潜在威胁。因此，任何与祖先不同的交流方式均可能意味着不适和中断，即使这是“自由”选择的结果。我将自由打上引号，是因为人们许多根据自己意愿做出的选择实际上是“霍布森的选择”，也就是说，根本不是真实的选择：回想一下亨利·福特假定提供任何颜色的新款T型车，只要它是黑色的。国际象棋术语“迫移”或许是个更恰当的类比，它指的是虽然不乐意但却必须走的一步棋。毕竟，如果一个人在国内生活得很满意，他还会移居到语言和文化陌生的异国吗？移民可能没有被迫进入那些三等舱或统舱，但当时的境况往往意味着待在国内会是个愚蠢的选择。

虽然母语的存在显然为文化延续提供了强有力的支持，但群体意识也可以依赖于其他支柱（这时人们马上就会想到宗教）。事实上，这种延续的实质在于，随着时间流逝而保持边界，即公认的群体边界。这是挪威社会人类学家弗雷德里克·巴尔特的伟大见解。边界的持续存在非常重要；蕴含其中并使其经久不衰的文化内容，可能非常易变。这在移民跨代比较中可以找到范例。如今，首批到达美国的意大利人、德国人和爱尔兰人的后裔看起来非常相似；他们的大多数文化“标记”已经发生很大变化，而且很少有人会说他们祖先的语言，他们甚至对学习
其祖先语言也并没有多大兴趣。语言的象征意义曾经与其普通 70
功能相辅相成，语言已经失去了普通功能，但其象征意义可能还在。这种现象也扩展到土著群体中。1975年，一项广泛的态度研究揭示了人们对爱尔兰语持续强烈的情感依恋，但这些依恋

并不意味着人们会大量使用该种语言，他们既无任何积极推广爱尔兰语的普遍愿望，也不对其未来抱有乐观态度。

现在那些只会说英语、“归化入籍”的美国人可能已经忘记前几代人必须经历的转说本地话的痛苦。保留语言的纯粹象征意义非常重要。它可能与文化生活的其他特征有着重要联系：对过去的广泛兴趣或者对历史和文学的特别关注。某种程度上，语言的象征意义甚至**可能**成为本地语言复兴的平台。然而，它与产生它的工具性语言并不相同，如果没有工具性语言，语言更多无形的方面最终一定会消失。

语言衰落

语言几乎是有机的，几乎拥有自然寿命，这一观点盛行一时。托马斯·琼斯在其威尔士语-英语词典《辉煌的英国语言》（1688）中写道：

> 对于语言和领土来说……均有一个指定的时间；它们都有婴儿期，有了基础后开始发展，逐渐变得纯粹和完美；并不断扩散与传播，达到稳定期；最终进入晚年，不断衰落、衰败。

19世纪伟大的德国语言学家弗兰茨·葆朴也认为，语言应
71 被视为有机体，它们仿佛具有“生命的内在原理”并遵循该原理发展。葆朴当年写下这些话语时，它们只是隐喻性的表达；没有人相信语言能够生存和呼吸。但是“语言是有机体”这一隐喻之所以具有吸引力是因为，毕竟，语言**的确**是有寿命的。其寿命

不是由自然法则而是由人类文化变迁所赋予的。语言的命运与其使用者的命运息息相关，语言衰落或“死亡”反映了其使用者所处社会环境的变化。

语言消亡可能会跳过语言转用：有时（但并不总是）在一些戏剧性的情况下，一个言语社群在仍有人使用其原有语种时，就消亡了。然而，语言消亡最常见的情况涉及语言接触和冲突：一种语言排挤另一种语言时，语言转用的过程便开始了，而这一过程通常要历经数代之久。（最近一种社会语言学观点认为，任何语言接触均存在冲突；该观点由比利时语言学家彼得·内尔德提出，他无疑受到了比利时持续存在的语言困境的影响。）在美国，移民语言最常见的模式涉及三代人的转用：刚移民的人几乎不会说英语，尤其是当他们搬到有早期移民居住的社区（唐人街、小意大利、日耳曼敦等）时。他们的孩子会说他们的母语及英语两种语言，但其后代的孩子只会说英语这一种语言了。

有许多关于“最后一批濒危语言使用者”的历史报道，虽然这些报道并不总是完全准确。多莉·彭特里思1777年去世，据称她是最后一个以康沃尔语为母语的人。贝奥图克语是纽芬兰一种孤立的语言，莎娜迪希特是最后一个说该种语言的人，她于1829年去世。内德·马德雷尔是最后一个能讲曼克斯语的人，1974年去世。最后一个讲尤比克语（高加索的一种语言）的人是陶菲克·艾森奇，1992年去世。安杰拉·西德尼（1992年去世）和玛丽·史密斯·琼斯（2008年去世）分别是最后一个会流利地说塔吉什语和埃亚克语（育空地区和阿拉斯加州的阿萨巴斯卡语言）的人。还剩下两个会说墨西哥土著语阿亚帕涅科 72
语的人，曼努埃尔·塞戈维亚和伊西德罗·贝拉斯克斯。不幸的是，虽然他们是同住塔巴斯科州一个小村庄的邻居，但彼此却拒绝与对方交谈。

当然，“最后”使用某种语言的人很少只会说一种语言：他们是见证因群体转移而导致语言衰落的重要个体标志。如果没有严厉且不受欢迎的干预，语言衰落便很难停止，其原因很简单，却往往被人们所忽视：语言转用通常是两个不平等社群之间接触带来的**症状**，在这种接触中，强势方吸引并逼迫着弱势方，不断入侵后者的领域。这一入侵过程往往会得到弱势群体的支持，尽管可能带着勉强。无论如何，逆转语言转用的尝试通常均表明，只关注语言转用的现象而忽视其原因多半徒劳无获，就如同用绷带包扎疹点无法治愈麻疹一样。除了那些通常被视为不切实际或令人反感的革命性剧变外，要解决语言转用背后的成因极其困难。

行动主义者通常希望看到的是，在一个已改变或正在改变的社会结构中，有选择性地进行**语言**干预。爱尔兰语的复兴主义者，或者那些在北美致力于挽救当地日渐衰颓的语种的人，以土著和移民群体为例，他们通常不愿意放弃许多已经发生的、对社会有利的历史发展，这些发展涵盖方方面面：从改善健康状况到促进物质繁荣；从缓解传统偏见和偏执思想到极大增加生理、社会和心理流动的可能性。我并不是说要取得这些令人满意的发展，就必须要接触英语，只是说，无论从语用或文化的角度来看，都很难提出一个广泛且令人信服的理由来试图改变社会演
73 化紧密交织结构的某一选定部分。

语言维护

一种语言的维护通常取决于其语言环境的延续，该环境要

求人们使用这一语言，而非任何其他语言。我将这些环境称为**必需领域**，它们包括家庭、学校和工作场所。当然，还有许多其他领域，但那些领域只是自愿、零星或是以独特的方式参与语言维护，不太可能会成为语言维护的核心领域。正是新一种语言在各个领域的逐步使用才记录了语言转用的过程。新语言兴起的模式很少是随机的：例如，公共环境通常比私人环境更早受到影响。这也是当代学者如此重视家庭的原因：只要孩子从小学习父母所说的语言，那这种语言肯定会传承下去。单就这一点来看没什么问题，但它却忽略了这一事实：即使是家庭成员，他们也必须迈入家庭之外的世界。

语言维护工作涉及两个主要且相互关联的因素：一个具体而另一个更为主观。具体因素就是上述那些必需领域的延续，这并非易事；另一个因素则是通过集体**意志**，阻止语言中断，维持语言活力。鉴于大语种及其社会带来的强大的社会、经济和文化吸引力，积极维护语言的行动通常只属于少数人也就不足为奇了。大众通常无法参与维护工作，其原因繁多，虽然有此善意的人数量可观，但通常并不主动。刺激社会惰性一直是语言行动主义者亟待解决的问题。

人们或许认为，在讨论处于强势文化和语言压力下的群体时，诉诸意志力是不合时宜的。正如一位爱尔兰学者所言，“缺乏阻止语言衰落的意志是不断萎缩的语言社区的内在特征”。 74
如果小型社区无法激起足够的意志来对抗外部压力，他们可能会发现自己参与了谴责受害者的闹剧。这一点一定要考虑到。然而，一些人往往会欢迎语言和其他方面的外部影响，他们认为这些会增加生活机遇。除此之外，还有一些粗略的视角可能无法捕捉到的微妙之处。虽然凯尔特语的衰落揭示了在英语发展之前人们所熟悉的衰退模式，但至少在对语言转用（尤其是在教育环境中）的某些方面的默许与对其他外部压力表现的强烈抵制是一致的。那些显然很愿意让孩子接受英语教育的父母，同时也有能力对土地管理或宗教问题进行暴力抗议。因此，这表明，他们是有意识地做出了决定，而那种不假思索地向压倒性力量投降的观念是错误的。例如，苏格兰高地人越来越把英语与三种改变人生的现象联系在一起。其中两种是就业和生活富足；第三种则是移民到苏格兰低地或海外，他们认为这是物质进步的代价。

贫富的变化有其语言内涵。爱尔兰民俗学家凯文·达纳赫写道，19世纪早期的爱尔兰语与“贫穷、劳苦和落后”联系在一起。查尔斯·邓恩用几乎完全相同的词汇描述了加拿大新斯科舍省盖尔语的自我认知：这种语言暗示着“辛劳、困苦和匮乏”，而英语则是“优雅和文明”的媒介。正如约翰·洛恩·坎贝尔所言，从最早的移民时代开始，新世界的定居者“就认为教育就是学习英语”。这里，我无意评判这种观念的准确性或合意性，
75 只是指出，对语言的感知，以及基于这些感知的心愿和行为，均是建立在比较评估基础之上的。正如其他地区的抵制所表明的那样，有证据表明这里存在着合理歧视，甚至在受试人群中也是如此。

尽管相较于其他事物，人们似乎不太可能为语言抗争，但仍然有显示语言意志力的例子。在经历了多年的社会政治和宗教专制之后，魁北克省讲法语的群体经历了一场“平静革命”（*révolution tranquille*），实现了自身的转变和现代化，并取

得了地方统治权，这是由其固有优势所注定的结局。这次转变促成了语言工程[①]，人们开始规范使用当时已处于险境的法语。个体层面也在有意识地努力着：家长们往往决定用特定的语言来抚养孩子。若一个家庭能做出某些选择，其他家庭可能会效仿。19世纪80年代，埃利泽·本-耶胡达在后来成为以色列的地方创造了第一个希伯来语家庭，他的这一创造具有深远影响；他的儿子1882年出生，是现代第一个以希伯来语为母语的孩子。

语言民族主义者、行动主义者与各种各样的语言爱好者也证明了意志的重要性、承诺的力量和经常破灭的希望。想要继续关注凯尔特世界，可以探究康沃尔语和曼克斯语的复兴主义者。想想那些英语母语者，他们搬到爱尔兰和苏格兰的盖尔塔赫泰（爱尔兰语地区），或者在都柏林、爱丁堡和格拉斯哥援建爱尔兰语和盖尔语学校。想想那些在新斯科舍省举着盖尔语横幅的人，确保曾经只写着英语“Antigonish County”（“安蒂戈尼什县”）的路标上现在也写着盖尔语*Siorramachd Antagonais*。另一方面，有些人选择**不**搬到说少数群体语言的飞地，或选择用某种濒危媒介语抚养孩子或以其他方式鼓励使用“小”语种，他们的意愿常常给语言行动主义者带来痛苦。

语言和文化意志及其影响的重要性不可否认，而重要性的 76
大小最终取决于感知和态度。正如一个多世纪前欧内斯特·勒南所言：“国家是灵魂，是精神原则”[②]，其中最重要的因素是群

① 语言工程又称语言计划，是对语言进行规范化的一种工作。世界各国的语言工程各不相同。有些国家是在政府领导下有计划地进行的，有些则是自发的。

② 原文为法语。

图5　这枚1959年的邮票描绘的是希伯来语复兴主义者埃利泽·本–耶胡达，这表明了共同语言在后来的以色列中的重要性

体意志。事实上，他将其与语言进行了明确对比：“人拥有一种超越语言的东西，那就是意志。”[①]（也就是说，国家是一精神实
77 体，更多的是靠意志而非一种特定语言来凝聚。）

语言维护通常是项危险的事业，因为当一个小语种被认为需要维护时，往往就已经存在着很大的社会压力。这就是语言维护及语言彻底复兴通常可以放在同一论题下探讨的原因。（当

① 原文为法语。

然，尽管以色列的语言和社会因素本身并不独特，但其著名的希伯来语复兴案例却略有不同。）正如当代语言学家轻视规定主义，他们常常忘记**任何**类型的语言规划均必然意味着规定主义，因此，大多数（但并非全部）的语言学家都传统地认为语言衰落和转用是“自然的”，排除了任何有益的干预，即使这些干预被认为是普遍可取的。乔舒亚·菲什曼（详见本书第五章）对母语在群体中的消亡感到遗憾，这些群体“没有屈服于西方唯物主义的巨大诱惑，而是以富有诗意和集体意义的方式体验生活和自然”；他认为，试图逆转语言转用是一项神圣的追求。试图把学术研究和宣传结合起来，或者，至少，在同一学科论题下兼顾两者的做法，可能既不明智也不合适。

结 语

通常，我们最好将语言维护和复兴工作理解为一种愿望的反映，该愿望是支持群体身份认同的重要组成部分。在小型文化语境下，独立的单一语言制越来越不可能实现，也越来越不受欢迎。因此，语言维护和复兴工作基本上是在探讨国内或跨国的多元语言和多元文化适应的最佳措施。至少在更深层次上，这样的讨论很明显是关于社会生活的哲学辩论。在考虑多元主义的具体表现时，无论是语言上的还是其他方面的，牢记这一点不无益处。 78

第七章

多语现象

在多语或多方言环境中，语言经常会做出调适，这是可取或是必要的，有些调适甚至发生在更为精细的层面。这里有两个重要的相关概念：“语域”和“风格”。前者指语境或功能变式，如法律语言或医学语言；后者指语言正式度的调整，其一端为亲密用语，另一端为冷冰冰的刊印语言。语域变得过于费解、过于专业化或是毫无意义时，就可能被认定为“行话”。如果在语域中大量使用非标准且常常是短暂存在的用法，那么“俚语”可能是一个更为合适的术语。

与会话伙伴趋同或背离是很常见的。谈话过程中，人们可能会改变语速和强度、改换话题、重新加工信息内容等，同时巧妙地处理口音和方言的特点。寒暄是一种闲聊，没有什么实质性内容，但它是一种社交需要，反映了适应力。音调、音高、犹豫和停顿等副语言特征也有助于构建和阐释信息。相伴随的非语言特征，包括手势、身体距离变化、姿势和方向、实际接触（触觉
79 学）、凝视和面部表情，也是调适的一部分。事实上，研究表明，

那些察觉到言语信息和非言语信息之间差异的听众更有可能相信后者。

方框E

摘自乔治·艾略特的《米德尔马契》(1871—1872)。这里,不负责任的弗雷德·文西正和妹妹罗莎蒙德讨论语言问题:

弗雷德:"……所有的用词都是俚语。它标志着阶级。"

罗莎蒙德:"有正确的英语:那不是俚语。"

弗雷德:"请你原谅:正确的英语是那些一本正经的历史学家和散文学家用的俚语。而最强劲的俚语是诗人用的俚语。"

弗雷德不懂当代意义上的俚语,但其论点的实质无疑是非常现代的。

双语现象和多语现象

当然,最明显的语言适应包括学习和使用其他语言及方言。许多情况下,双语调适似乎是显而易见的方法:一种语言用于家庭和家庭成员,这种语言增加亲密程度,并有助于家族历史延续;另一种则用于和外部世界沟通,这种语言不可或缺。

尽管在个人和社会层面均能获得双语或多语能力,但这两者并不总是紧密相联的。即使一个地区所有的人几乎都会说多种语言,但官方认可的语言可能只有一种或两种。例如,许多非洲国家人种复杂,语言众多,因此有两种官方语言,通常是一种

80 强大的本土语言和一种重要的欧洲语言。另一方面，在官方语言有两种或多种的国家，许多公民可能只会一种语言。尽管加拿大官方大肆吹嘘其联邦双语制度，但除魁北克省（法语是该省唯一官方语言，但许多城市居民均会说两种语言）以外，加拿大基本上只说英语。（此处暂且不提数量可观的"allophone"群体，在加拿大，这一群体是指不讲英语、法语和土著语言的人：他们本质上是较新的移民。）这一群体不同于那些长期使用多种语言的非洲群体，主要有两个原因：第一，它是移民群体，对语言调适抱有各种预期；第二，虽然移民群体的下一代可能仍会使用海外带来的族裔语，但他们的后人会有条不紊地转而使用"主流"语言英语。事实上，双语现象通常是通向新单语制道路的临时中转站。

在双语持续存在的地方，通常每种语言均持续拥有不同的社会功能和使用领域，人们经常会使用diglossia（双言制）一词，尽管该词是拉丁语bilingualism（双语现象）的希腊语译文，但从逻辑上来讲，双言制涵盖的领域并没有什么不同。虽然这意味着双言制是一长期现象，但是其稳定性也是相对的。诺曼征服之后，盛行于英格兰的英法双言制最终被打破。

为什么社会语言学应该特别关注双语（或多语）能力？因为绝大多数人都具有双语（或多语）能力——尽管他们中的大多数人未受过教育，很多人是文盲——在适当的情况下，即使是年轻人，也很容易后天习得这种能力。为什么对于更广泛的语言学研究来说，第二种或后面习得的语言不仅仅是其补充说明呢？原则上讲，二语习得不可能完全等同于母语学习，只是因为它是二语：赫拉克利特告诉我们，你不能两次踏进同一条河流。

因此，关于双语能力的技术文献有很多。然而，由于这些文献大 81
部分属于心理语言学而非社会语言学范畴，因此，此处我略去不提，仅表明本文主要探讨身份认同。

说一种特定的语言意味着说话者属于一个特定的言语社区，说两种或两种以上的语言则可能意味着说话者拥有双重公民身份。既然语言是一种核心人格特质，因此，一种可能是，双语者的身份由多种语言造就；另一种可能是人格本身是双重的。人们的兴趣主要在于双语者究竟在多大程度上掌握两种（理论上）独立的语言系统，他们可以根据情况从每个系统中提取信息，或是掌握其他更复杂的语言能力。这里很难获得令人信服的数据。

爱德华·萨丕尔与其学生本杰明·李·沃夫对语言如何适应不同环境特别有兴趣。以他们姓名命名的语言假说准确表达了一个非常古老的观点，即不同的语言以不同的方式切分现实。其中的强势说观点[①]是，你的语言决定了你看待和思考世界的方式。这种紧密联系将有力支持一些人所持有的观点，他们相信一种特定语言与其使用者的群体身份之间存在着不容破坏的等同关系。然而，人们并未普遍接受这种“萨丕尔-沃夫强势假说”。最有力的反驳是，尽管语言在某些重要方面明显存在不同，但我们可以对它们进行翻译，而且一种语言的使用者在其环境发生变化时，可以学习另一种语言。

萨丕尔-沃夫弱势说[②]很有道理：语言能够**影响**我们**习惯性的**思维方式。如果我们发现因纽特人谈论和思考雪的方式比意

① 强势说即语言决定论。
② 弱势说即语言相对论。

大利人更加细致入微、更加引人入胜时，那我们就应该知道双
82 方的生理、社会和心理环境等重要特征均完全不同。居住在沙漠的群体，其传统色彩词汇包含许多有着细微差别的红色和棕色词汇，绿色词汇却很有限，但在该群体发现油矿并迁往爱尔兰后，其色彩词汇无疑会随之而增加。我们可以认为，各种环境均会以特定的方式“设定”感知，并且每一个实例都会强化突出该实例的特定语言参数。但这并不意味着一定会形成认知僵化。

顺便说一下，有人认为因纽特人有许多不同词汇（有人认为高达400个）来指代各种类型和不同条件下的“雪”，而英语使用者却只能简单地称之为“snow”，这种观点是错误的。在一本有趣而富有启发性的书中，杰弗里·普勒姆指出，因纽特人没有专门的词汇去表达“地上的雪”、“飘落的雪”、“积雪”和“雪堆”，还有其他诸如此类的雪。他指出，即使真有这类词语，数量也微乎其微。他援引权威资料，只找到两个相关词根：*ganik*（指空中的雪）和*aput*（指地上的雪）。许多词汇可以由此衍生而来，就像英语中snow可以衍生出snowfall（降雪）、snowflake（雪花）和snowball（雪球）一样。

无论如何，将个人与多个语言社区联系起来的双语能力具有什么意义呢？有时，意义很小：能流利使用纯工具性的语言进行简单商业交易并不表示一个人在心理上偏移了其语言大本营。尽管如此，仍有许多双语者的能力更为深厚，超越了简单的工具性质。有些人与每个群体均有（真实或所谓的）亲属关系；另一些人则可能以更正式的方式获得了第二语言以及后续习得语言的公民身份。有些人写下了他们自己的经历，还有一些人则对双语环境进行了更广泛的思考：说到这儿，我想到了斯坦

纳、康拉德、纳博科夫、昆德拉、斯托帕德以及其他一些人，他们的文学造诣已激发人们进行有意义的反思。我们可以向他们学习，但他们是特例。大多数双语者很少内省，不善表达，更为“普 83
通”。我们需要更多研究这些群体的社会语言学报告。

每个人都是双语使用者。至少，成年人或多或少知道一些外语单词和短语：英语母语者知道像*c'est la vie*[①]、*gracias*[②]、*guten Tag*[③]或者*tovarisch*[④]这样的词汇。虽然很少有人会把这种有限的能力看作双语能力，但我们有理由问，双语要流利到何种程度才能算得上具有双语能力？换言之，应该如何定义和衡量双语能力？与后期相比，早期的定义和衡量往往更为严格。1933年，伦纳德·布卢姆菲尔德提出，拥有双语能力意味着在没有削弱第一语言的语言能力的同时，精通第二种语言。二十年后，埃纳尔·豪根认为，拥有能使用第二语言说出完整话语的能力就是充分足够的评判标准了。但是，大多数现代观点一致认为，在定义和衡量双语能力时，应当考虑特定语境和特定目的。

听、说、读、写这几个相关能力维度，使评定双语等级以及从何处真正“开始”拥有双语能力的问题变得复杂。一个人可能是一个相当好的“接受型”（或“被动型”）双语者，但不是一个非常好的“产出型”（或“主动型”）双语者。同样，词汇、语法和发音层面的能力可能会有很大差异。是否应该在这些维度之间寻找某种对等，抑或一个维度上的足够优势是否可以弥补另一

① 原文为法语，意为“这就是生活”。
② 原文为西班牙语，意为“谢谢”。
③ 原文为德语，意为“你好”。
④ 原文为俄语，意为“同志”。

维度上的劣势？当然，我们通常可以大致精通双语，但这并不足以用来比较不同个体之间的双语能力，或者将语言能力与其他性格特征联系起来。

测试双语能力的方法多种多样：有的包含自我报告，有的采用访谈形式，或采用具有相对优势和语言灵活性的方法。受试者对两种语言（当然，多种以上语言也可）信息的反应时间有助
84 于确定受试者哪种语言能力相对较强，可以采用词汇测试，可以记录和评价发音等。运用和解读这些测试时存在诸多风险，因为测试会受到诸多因素影响：态度、年龄、性别、智力、记忆力、受测语言之间的语言距离以及测试环境。此外，即使有可能做出准确评估，如何恰当地评级分类仍然是个问题：毕竟，很难指望能将人的能力恰好归入少数几个类别。尽管如此，有两件事非常明确：很少有真正的“平衡双语者”，即两种语言技能相当的个人；与此相关的是，大多数称得上是“双语者”的人会表现出其中一种语言的显著优势。

人们有时认为，精通一种语言可能意味着另一种语言能力的减弱，但这种关于思维能力的观点并无根据。即使人们接受人脑是“有限容器”的观点，所有已知的智力结构和功能也均表明想要超越神经极限是不可能的。歇洛克·福尔摩斯曾为自己在许多事情上所展现的无知辩护，他告诉华生，大脑就像阁楼，人们应根据自身所需明智地将其填满。“如果认为这间小阁楼的墙壁富有弹性，可以任意伸缩，那就错了。”然而，福尔摩斯本可以在不置换其毒药及各种烟灰知识的同时，弥补他文学和天文学方面的无知。

一直以来，总有一些人拥有非凡的语言能力，而他们似乎并

没有为此付出任何认知代价。维多利亚时代的军官、探险家理查德·弗朗西斯·伯顿曾游遍印度、阿拉伯和南北美洲，掌握或精通二十余种语言。或者再想想詹姆斯·默里：他注定要成为《牛津英语词典》的首任编辑，1866年他申请入职大英图书馆，概述了其出色的语言造诣。以下是求职信的部分内容： 85

> 本人大致了解雅利安和叙利亚–阿拉伯语族的语言和文学……相较而言，我更熟悉的还属罗曼语族的语言，如意大利语、法语、加泰罗尼亚语、西班牙语、拉丁语，略懂葡萄牙语、沃州语、普罗旺斯语及各种方言。日耳曼语族中，本人比较熟悉荷兰语……佛兰芒语、德语和丹麦语。在盎格鲁–撒克逊语和密西–哥特语中，本人的研究更接近……本人略懂凯尔特语，目前正在研究斯拉夫语［原文如此］，获得了一些有用的俄语知识。在学习波斯语、阿契美尼德楔形文字和梵语分支语言的过程中，我明白了比较语言学的目的。本人有足够的希伯来语和古代叙利亚语知识来阅读《旧约》……此外，本人还懂得一点阿拉伯阿拉姆语、科普特语和腓尼基语［原文如此］。

尽管默里和伯顿很是非凡卓越，特别是以当代英语母语者的标准来看更是如此，但这种卓越的语言能力并不是个例。我的朋友兼同事保兰·吉特在科特迪瓦长大，在家说法语和卫语[①]，在外用约鲁巴语、巴乌雷语和迪尤拉语与玩伴或其他人交

① Wè，又称Wee，克鲁语的一种，译者未能查阅到汉语译名，将其音译为“卫语”。

图6　詹姆斯·默里爵士,《牛津英语词典》的首任编辑。摄于他建于牛津
87 自家花园里的“写字间”(用来写作的房间)

流。他通过法语、英语和西班牙语接受教育。青少年时期，他在其交际语库中又增加了保加利亚语、古罗语、库兰戈语、迪达语和贝得语，对埃维语和其他语言也有一定的了解。他的语言能力着实惊人，但正如他自己指出的那样，许多受过教育的非洲人都学习了多种语言。

总体观点很简明：拥有双语能力没有危害。由此引发推论，即用双语方式抚养孩子，将他们纳入双语教育计划，或者将他们置于适当构建的学校“沉浸式”环境中，也没有危害。即便在发现双语产生负面影响的情况下，人们也很少将责任归咎于语言本身。一系列社会、个人或文化因素通常是造成这些负面影响的罪魁祸首。除了对学龄儿童产生影响之外，双语在某些方面也被视为具有社会危害。在美国，一些人认为，对说西班牙语的 86
孩子进行双语教育可能会延误他们的英语学习，从而妨碍他们充分融入社会。事实上，证据表明情况并非如此。很明显，对社会分裂的担忧通常是由于担心某种西班牙化的悄然蔓延而引发的，有时则完全是由更黑暗的动机所煽动的。

大多数学者指出，儿童时期习得双语具有优势，而且有些观点认为，年轻的大脑比年长的大脑更具“可塑性”和“灵活性”。这有一定道理，或许尤其是涉及正确口音的习得时，但年长学习者拥有幼儿所缺乏的学习经验，且如果干劲十足，他们往往学得更好。如果将老年人的成熟和明确表达的必要性与年轻人的敏感性、模仿性、自发性及非自我意识相结合，就可以预见我们能够快速地学习并精通双语。

与母语习得理论一样，第二语言学习理论也认可一种认知序列，并按照该认知序列制定和测试各种规则。两者的主要区别可能在于语境。换言之，所有正常的孩子幼时就能学好母语；然而，二语学习和之后其他语种的学习，显然不是“自动”的过程，而是以社会语境为重的过程。当代英语母语者哀叹学习另一种语言困难重重，这更多地反映了全球现实的现状，而非内在的不利因素。对于数百万会说两种或多种语言的人来说，日常生活需要是语言能力发展程度的巨大动力和决定因素。

可以说，所有正常人均具有扩充语言交际语库的基本能力，
88 且扩充语言交际语库并不会对智力造成不良影响。但是，如何解释双语能力能够**提高**智力水平这一观点？有一个悠久的历史传统，即一个人的魅力会随着其语言流畅度的提高而提高，社会精英尤为如此，对他们而言，多掌握一两门语言一直是文明生活不可或缺的组成部分。16世纪，查理五世（再次）提出，“你会的语言越多，你就越有价值”（*quot linguas calles, tot homines vales*）：一个人懂几门语言，就能抵得上几个人。但在该问题上，少数人持有不同意见。例如，17世纪，约翰·弥尔顿和塞缪尔·巴特勒认为，交际语库的扩充本身并不意味着知识渊博。弥尔顿认为，仅靠流利使用多种语言并不能替代根本的知识；而巴特勒写道，“一个人会讲的语言愈多，愈易暴露其才学漏洞”。

在现代，学术研究一度倾向于将双语能力与智力低下联系起来。20世纪早期美国移民潮所引发的种族主义反应加强或推动了这方面的研究。当时，智力测试运动蓬勃发展，其间，人们设计智力评估来筛选出未受教育的、非白人和非北欧的移民。这些研究通常发现移民（或有望移民者）中的“弱智”与英语知识贫乏有关。弗洛伦斯·古迪纳夫一项被广泛引用的研究得出结论：“在家中使用外语是造成智力迟钝的主要因素之一。”这

或许令人感到诧异，但在当时，社会恐惧和偏见不仅支持种族主义，而且也支持许多杰出学者和政治家所提倡的优生学和非自愿绝育计划，所以这也是可以理解的。

这个时代的荒谬行为越发明显，更微妙的困难也越发明显。几乎所有早期试图将双语能力与智力联系起来的研究均因实验控制不足而存在缺陷。一项具有代表性的研究发现，城市单语儿童和双语儿童的智力没有显著差异，但在农村儿童中，智力差异显著：该研究忽略了他们父母间显著的社会经济差异。所有 89
此类研究中，也存在合理推断的问题。倘若发现智力和双语能力之间存在负相关，那么到底谁是因、谁又是果？可能还有其他无法测定的因素影响着两者，从而产生了我们所观察到的这种关系。有句古老格言说得不错：相关性不一定意味着因果关系。随着研究的细致深入，人们更多地关注非语言因素，之前的负相关关系就基本不复存在了。

有些人认为20世纪60年代早期出现了转折点，那时开始有研究发现智力和双语能力之间存在**正**相关关系。在蒙特利尔市进行的研究发现，在语言和非语言智力测验中，会讲法语和英语两种语言的儿童比只会讲法语或英语的儿童表现得更好。因此，罗伯特·加德纳和华莱士·兰伯特得出结论，法英双语儿童具有“思维灵活性、概念形成优势以及一套更加多样化的思维能力”。但是，同时他们也承认了存在相关问题：“目前的研究还无法断定，是智商高的孩子会说双语，还是双语有助于孩子的智力发展。”不过，加拿大研究人员的最新研究表明，双语能力与认知功能的改善有关。该研究还认为，双语者更大的“认知储备”可能会改善阿尔茨海默病的症状；不出所料，这引起了媒体的广泛关注。研究人员承认该研究存在局限，并且指出双语者表现得并不总是比单语者要好。

总体上，我们可以说，关于双语能力和认知能力的主流结论并无根据。扩大语言交际语库本身不大可能导致认知和智力技能的显著提高。然而，扩大语言交际语库显然可以让人变得更
90 加自信、善谈，这让人非常向往。

双语之外

尽管所有普通的语言使用者，不管是单语还是多语使用者，均可以感受到大部分语言的细微差别，但是，有效沟通往往需要采取进一步行动，而这可以分为两类。第一类涉及多种通用语。虽然早期无疑有一些通用语，但典型的通用语（即“法兰克人的语言”）是贸易和商业的媒介，这可以追溯至十字军东征时期。它结合了普罗旺斯语、法语和意大利语等多种语言，其中，意大利语占主要部分。土耳其语、希腊语和阿拉伯语对该通用语的形成也有贡献，“法兰克人”（Frank）一词显然体现了东方对该通用语的影响：Frank与阿拉伯语词汇*feringhi*有关，后者指任何欧洲人，有时也指任何基督徒。早期，“通用语”这一术语通常是指某种“混合语言”，17世纪末首次在英语中出现：约翰·德莱顿笔下的一个人物说，通用语是所有语言的混合物。这一含义随后泛化为任何“接触”媒介，到19世纪末，这一术语的含义已扩展到仅用一种语言就能充当必要沟通桥梁的情况。虽然早期的混合语言内涵并未完全消失，但最后一种含义逐渐扩大，今天最常见的通用语就是世界上那些重要的语言。

历史上有许多现有语言成为重要通用语的例子，这不是因

为这些语言具有任何内在品质能使它们凌驾于其他语言之上，而是因为这些语言使用者的权力和声望，不管是母语还是其他语言。希腊语和拉丁语是经典范例，而法语、意大利语、阿拉伯语、印地语和其他语言也都起到了桥梁作用。

皮钦语和克里奥尔语也充当着“联系语言”，通常在欧洲商人和当地人交易时使用。朱利叶斯·伯恩卡斯尔在其1850年出版的《中国旅行记》（*Voyage to China*）一书中提出，中国人将business（交易）一词错误地发成了pidgin（皮钦语），但这是个颇有争议的词源学问题。重要的是，皮钦语变体只使用简单实用交流所需的有限词汇和语法。这些语言几乎不需要体现语言的细微差别。（事实上，皮钦语例证了一种更为普遍的语言趋势，即语言会达到一定流畅度，但不会超出日常使用的要求。）通常，皮钦语存在的时间不长，但在接触时间延长的情况下，它们的存在时间可能会长一些。

方框F

“通用语”（lingua franca）这一术语首次出现在约翰·德莱顿的剧本《善良的守护者》或《林伯汉姆先生》（1680）中

伍德尔：老爷，如果可能的话，我不能给10基尼。我要亏本的。

林伯汉姆：也就是说，帕格，他不可能拿10基尼，他要亏本。现在我明白他的意思了，这几乎就是英语啊。

特里克西夫人：英语！走开，你这个笨蛋：这是一种通

> **用语**，我听商人们这样叫它；它是一种混合语，由各种语言组成，在黎凡特地区使用。
>
> 林伯汉姆：这种语言，你叫它什么来着，是最罕见的语言！我听得懂，就像听得懂英语一样。你看我怎么回答他：*Seignioro, stay a littlo, and consider wello, ten guinnio is monyo, a very considerablo summo.*（老爷，稍等一下，好好想想，10个基尼可是一笔不小的数目。）

巴布亚新几内亚有几百万人讲托克比奇语（即"talk pidgin"），并且这种语言已获官方认可。《新约》（*Nupela Testamen*[1]）路加福音第15章第31节写道："I tokim em, i spik, 'Pikinini, oltaim oltaim yumi tupela i save stap wantaim. Na olgeta samting bilong mi em bilong yu.' "这是"he said unto him, 'Son, thou art ever with me, and all that I have is thine' "（"他对他说：'儿啊，你常与我同在，我一切所有的，都是你的' "）（钦定版《圣经》）的托克比奇语

译文。事实上，托克比奇语现在已经成为一些人的母语，这意味着它已经成为一种"扩展的皮钦语"，或者说，实际上是一种克里奥尔语。

"克里奥尔"的定义差异很大，但起初均是指人，而非语言：例如，具有欧洲血统的人——路易斯安那州、加勒比海或拉丁美洲的法国或西班牙后裔；或者是欧洲白人和黑人所生的混血儿；或者甚至是出生在非洲以外殖民地的非洲人。从传统语言学层面分析，当出生在说皮钦语社区的孩子开始学习这种语言

① Nupela Testamen为New Testament的托克比奇译文。

时，克里奥尔语就出现了，此过程亦被称为“克里奥尔化”过程。在新兴的语言变体变得比其源语更为丰富，更具表现力的过程中，无名之辈的母语会变成重要人物的母语。然而，学者们也提出，克里奥尔语的变体可能会在群体接触中“突然”出现，而之前并没有经过任何皮钦语的发展阶段。塞拉利昂的一种国语是Krio（即Creole，克里奥尔语）；该国六百万居民绝大多数都说这种语言。如今，经过与其他语言的混合，克里奥尔语又衍生出更多的皮钦语变体：这个例子很好地说明了语言不断变化的本质。

通用语的最后一种类型是“人工”或人造语言，几个世纪以来已出现很多。其中最著名也是迄今为止最成功的是路德维克·柴门霍夫1887年发布的世界语。如今，使用该语言的人数在十万至两百万之间，但这个数字远远少于实际使用者的人数。此外，还有几百个孩子以世界语为母语。和其他人造语言的制造者和支持者一样，柴门霍夫希望世界语能提供的不仅仅是一种通用的第二语言，还希望它有助于建立一种理想的“跨国身份”，以对抗民族主义的暴力泛滥。

构建一门中性辅助语言的想法似乎吸引了很多人。这种语言不会给任何特定民族群体带来特权，它没有令人不快的历史包袱，构建这种语言就是为了易于学习，而且它是对“自然”母语的补充而非取而代之。但是，除了在最受限制和自我意识最强烈的环境下，类似世界语的语言从未获得过成功。一些批评家直截了当地将人造语言的辩护者斥为怪人、赶时髦的人和“语言狂人”。其他人并非总是完全反对人造语言，但他们也指出了缺陷。长期以来，一直存在“语言根本不会以如此草率的方式出现”的观点，该观点得到了伯特兰·罗素、萧伯纳、H. L.门肯、乔

93

治·斯坦纳和J. R. R.托尔金等各类评论家的支持。相反，语言的形成需要很长一段时间，并以历史、文学、神话和传统为依托。门肯因此抱怨道，“通用”语言缺乏“生命的汁液”；斯坦纳写道，它们缺少“可以提供文化联想的自然语义成分”。

1930年，艾弗·理查兹与查尔斯·奥格登合作，推出了“基本英语”：和世界语一样，基本英语也是一种国际辅助语言。虽然这种简化的语言曾一度吸引乔治·奥威尔，但他很快就对此不再抱有幻想——虽然基本英语是他《1984》中所创“新话”[①]的基础。奥威尔的姑妈内利·利穆赞曾和著名的世界语学者尤金·亚当同住巴黎。作为语言狂热者，亚当参与了无休止的辩论，这可能促使奥威尔发表了这一评论：“鉴于战斗如此肮脏，各种国际语言发明者之间的争执将是一场持久战。”奥威尔的观点并非毫无根据，但理查兹本人提出了一个更为普遍的观点，即对于大多数人来说，学习一种人造语言总是缺乏足够的动力。这里确实存在一个巨大的障碍，在英语如此深入人心的现代世界里，这个障碍可能是灾难性的。像世界语这样被发明出来的通用语，如果拥有庞大的国际使用者群体，可能会更有吸引力。然而，它却没有，那么潜在的学习者可能会明智地扪心自问为什么
94 要冒险尝试去学习该种语言。然而，如果没有更多的人学习这种语言，那么庞大的国际群体将永远不会出现。此处的两难境地就像“第二十二条军规”一样无法摆脱。

虽然我自己并不强烈支持人造语言，但我感到遗憾的是，很少有学者对人造语言给予实质性的关注。人造语言可能是边缘

① 新话（newspeak）指的是一种指东说西、模棱两可的官腔，出自奥威尔1949年创作的著名科幻小说《1984》，里面赋予了很多词语讽刺性词义。

的社会语言学现象，但在历史上却长期存在。除了语言本身之外，还有值得心理学和社会学关注的兴趣点。语言发明者和学习者的动力和动机是什么？前者是如何完成任务的：他们是否借鉴了语言学知识？学习者都是什么样的人？即使（至少对世界语而言）“事实、文本和现成的受试者唾手可得”，但学术界却无视上述问题和其他问题，因为它大概已对整个领域做出预判，或是将其视为禁忌。

除了通用语之外，另一个重要的沟通桥梁就是翻译。正如罗马政治家西塞罗在建议不要逐字翻译时所指出的那样，除了几乎没有用处的最基本的逐字翻译练习外，每一种翻译行为均涉及阐释和判断。这意味着翻译既发生在跨语言之间，也发生在语言内部。即使是使用同一种语言的人之间最简单的对话，也需要口头上的“字里行间的阅读”。只有通过不断的翻译（和定期的重译），我们才能与自己的文学和文化保持联系。

进行判断和阐释时必须小心行事，大多数译者将约翰·德莱顿的翻译通则视为金石之言，他在翻译维吉尔作品时提出，他“认为既不能采用绝对的直译也要避免绝对的意译；在忠实原作者和不失真的前提下，尽可能使译作保留原作的迷人之处”。正如德莱顿接下来所说的，这个观点就是设法使诗人维吉尔“说出他自己如果出生在当今时代的英国也会说出的那种英语”。三 95
个世纪后，这一观点被古典主义者埃米尔·里厄概括为“对等原则”。

有趣的是，要想准确翻译，实现跨越时空和文化的“对等”，最大的挑战出现在文学连续体的两端。一端是俚语、脏话和短暂存在的习语。在英译左拉的“自然主义”作品时，伦纳德·坦科克指出，由于作者“就上帝这一主题或多或少使用了亵渎神明的语言和论述”，会让20世纪中叶的英语读者很难接受，因此我们必须找到对应表达，即具有相似意义和影响力的现代英语单词和短语。另一端则是诗歌、戏剧或哲学作品，这些作品富含隐喻和典故，或充满难以理解的抽象推理。翻译莎士比亚的作品要比翻译阿加莎·克里斯蒂的作品困难得多。（即使是像克里斯蒂这样平淡无奇的作家，也会给译者带来麻烦。已故捷克裔加拿大作家约瑟夫·什克沃雷茨基曾指出，把赫尔克里·波洛极其“法语化”的英语翻译成“通顺明晰”的捷克语非常困难。）

准确翻译或许很难，但它给语言带来的益处是显而易见且持续不断的。然而，这些益处可能会被心理上的劣势所抵消。译者可以进入（至少）两个语言社区，并且可以将亲密信息从一个语言社区传递到另一个语言社区。乔治·斯坦纳评论说，成功的翻译带有一丝叛国的意味：“囤积的梦想、生命的专利正被带着跨越国界。”数种语言中的谚语也印证了他的观点。在此仅举两例，意大利语 *traduttori, traditori*（“译者，叛徒也”）和匈牙利语 *fordítás, ferdítés*（“翻译，曲解也”）将翻译等同于背叛或歪曲。

第八章

姓名、性别和宗教

在现代社会，询问他人收入、政治倾向或家族血统可能比较失礼，而询问宗教信仰问题则**总是**需要技巧，有时询问或回答这类问题的人有可能会陷入危险境地。同样，人们通常会谨慎提及或直接回避性取向和性生活相关话题，而且，对性和性别进行谨慎描述仍是礼貌用语和学术用语的规范。姓名和命名也会承载重要的情感包袱，而且可能会引发很大争议。因此，虽然人们有时会忽视宗教、性别和姓名这三类问题，但它们在社会语言学中占据重要地位，也就不足为奇了。本书结尾部分探讨这些话题，旨在强调我们应该更为充分地对其进行正规研究。它们一直受到广泛关注。

语言与宗教

尽管语言与宗教之间有着千丝万缕的联系，但是社会语言学界对其正规研究的兴趣比我们预想的要小很多。语言与宗教最重要的联系体现在两者均为群体的共同标记或互补标记、宗

97 教的语言及传教士的工作上。例如，宗教传播通常伴随着语言传播。随着7和8世纪伊斯兰教势力的迅速扩张，阿拉伯语成为世界性语言。而之前4世纪古罗马皇帝君士坦丁大帝皈依基督教时，拉丁语成了基督教的通用语，古老的“称霸一方，宗教唯我”（*Cuius regio, eius religio*），即“统治者的宗教信仰就是其领地的宗教信仰”原则也由此得到了极大固化。到了16世纪神圣罗马帝国时期，为促进国际和谐，该原则得到了重申。

在国家内部，宗教与语言也经常被看作是齐头并进的。法国大革命时期，实际讲法语的公民不到一半，而新任的政治领袖们将许多地区性的语言视为宗教狂热的传播媒介：据说，迷信分子讲布列塔尼语，狂热分子讲巴斯克语。在19世纪的俄国，立陶宛的“波兰化”与天主教联系在一起，对官方的东正教构成了威胁。与此同时，佛兰德的反法情绪带有强烈的宗教色彩，对一些极端虔诚的天主教徒来说，语言行动主义仅仅是其更大宗教动因的一种外在表现。

佛教《佛经》、印度教《吠陀经》、基督教《圣经》、伊斯兰教《古兰经》和《圣训》、犹太教《摩西五经》、犹太法典《塔木德》及许多其他宗教作品在不同程度上均是神圣的。例如，有些作品根本不需要翻译，而另一些作品的特定版本（如钦定版《圣经》）则已取得标志性的地位。更为甚者，word这一词语的神圣性能反映词语和事物之间神圣的联系，同时也的确能够暗示创造本身。该观念在基督纪元和希腊黄金时代之前就已产生。埃及第25王朝时期（即约前750—前650）的某个时候，一篇早先的神学论述被铭刻在一块石头上，该石头现藏于大英博物馆。这篇《孟斐斯神学》详细叙述了古埃及力神卜塔在首先**想到**世

界后，再通过说出它所有要素的名称创造了世界。因此，在古埃 98
及和之后的神学体系中，名称和事物相符，前者完美地抓住了后者的本质。

基督教传统中，从远古时代起，word一词（*logos*，逻各斯，即希腊语的*λόγος*，可译为“道”）就和其本身相关意义——话语、思想、普遍原则、理性、逻辑——以及无处不在的神圣之灵有着神秘联系。《约翰福音》开篇以最直截了当的方式写道：“太初有道（the Word），道与神同在，道就是神。”耶稣即逻各斯（道），且《圣经》中word一词通常也意味着基督教信仰，《创世记》第1章第3节如此记述，神**说**：“要有光”，于是就创造了光。自此，神圣的联系从未断开，正是神的指令创生了万物：上帝之作即上帝之言（*opera dei sunt verba eius*）。由此可见，任何篡改word的行为都极其严重。

有证据明确表明，翻译可能会亵渎神明。“信仰基督”的人绝不能（或者，也许没有能力）用凡人的话来重复“隐秘的言语”（*arcana verba*，《哥林多后书》12:4）。公元1世纪的犹太文献记载了这一信仰，即，将神圣律法翻译成希腊语会招致三天的黑暗。有些人笃信上帝之名不可直呼，有些人认为只有祭司阶层才享有此项荣誉，还有一些人则认为**没有**一种语言能胜任宗教使命。有些人，例如贵格会教徒，更喜欢默祷，因为只有那时才能听到神“微小的声音”（《列王纪上》19:12）。

从语言神圣地位的普遍观念出发，迅速涌现了更多有关特定语言的论断。这些均基于对伊甸园语言的猜测。《创世记》第2章第19节描述了神如何创造出所有的飞禽走兽，“把它们都带到亚当面前，看他叫什么。那人怎样叫各样的活物，那就是它的

名字”（钦定版《圣经》）。这种命名是用原始的、理想的、神赋
99 予的语言进行的：与此后所有自然语言不同的是，词语和它们所命名的事物之间有着一种神秘而完美的对应关系。神为第一个男人（亚当）植入的第一门神圣的语言是什么？这又与我们此处的讨论有何联系？

第一语言的问题至关重要，因为说第一语言的人，或其祖先说第一语言的人或许会声称其自身与神之间有着某种特殊且亲密的关系。因此，早期的犹太文学将希伯来语称为第一语言也就不足为奇了，并且几乎所有希腊、拉丁和（后来的）拜占庭的族长们，还有基督教团体均支持这种观点。阿拉姆语也曾被认为是最早的人类语言（*lingua humana*），而在某些地区则被认为是阿拉伯语。到了17和18世纪，学者们提出了相关问题：亚当使用的语言是否仍以某种形式存在？它会是当代的希伯来语吗？又或是五旬节里的那些胡言乱语、荒诞言语和“方言土语”？

当然，许多人都明白，即使希伯来语是最早的语言，其当代语言变体显然已经失去了可以让词语和现实事物完美契合的基本特征。17世纪中叶，托马斯·霍布斯指出，“语言的第一作者是**神**自己，他给亚当展示各种生物，并教**亚当**如何给它们命名”，《圣经》“未就此事进行进一步的详述”。除此之外，霍布斯还补充道：无论伊甸园的情况如何，亚当创造的所有语言“终在巴别塔中毁于一旦。正因神之手，众生皆因自身叛乱受尽磨难。至此，此前创造的语言已湮没于世”。

被提名为第一语言的包括丹麦语、瑞典语、波兰语、巴斯克语、匈牙利语、德语、汉语以及所有凯尔特语的变体。此外，有人认为第一语言是由多种语言构成的。有观点（法国人的观点）

认为，神对亚当说的是西班牙语，撒旦说的是意大利语，而随后 100
亚当夏娃向神道歉用的当然是法语。而一些波斯学者认为亚当夏娃说的是波斯语，蛇说的是阿拉伯语，报喜天使加百列说的是土耳其语。这类奇怪的猜想一经提出就遭到了世人的嘲笑。到了17世纪末，对身份政治的迫切要求和渴望激起了诸多可笑的特殊诉求，这一点越发明显。此时，拉丁语江河日下，众多“粗俗”的语言跻身各民族交流的媒介行列。因此，各方语言均为自己发声，争取利益，也就不足为奇了。认为某种特定语言可能优于其他所有语言的观点，甚至在最有学术造诣的人群中也引起了共鸣。莱布尼兹也加入了嘲笑行列。他说如果土耳其人和鞑靼人也能像欧洲人那样博学，那他们也会宣称**他们的**语言是所有人的母语。但他仍倾向于相信语言起源于神圣的“凯尔特-西徐亚”（“Celto-Scythian”）语族，德语也应包含其中。

19世纪伟大的德国语言学家马克斯·缪勒指出，所有这些徒劳的推测阻碍了语言科学的发展。例如，很多人强烈支持伊甸园语言是希伯来语这一观点。这意味着，当学者们开始认真考虑语言分类和语系问题时，他们花费了很多时间来试图证明希伯来语是如何衍化成众多语言的。缪勒写道：“17和18世纪期间，无数的真才实学浪费在这个问题上，真让人瞠目结舌。”

如今看来，为研究伊甸园语言或者宣称某种现代语言是神圣语言的主要后代所做出的多数努力，确实非常离奇。但是，这些努力仍然具有某种社会心理学价值，因为像大多数语言社会生活研究一样，它们实际上也是关于群体特性的。它们发生在《圣经》的隶属关系和分裂问题最为重要的时候，因此，语言和宗
教因素的紧密交织才看似无比自然。如今，在世界很多地方，语 101

言和宗教依然紧密联系。并非所有的努力都遥不可及，例如，有数以百万计的北美福音派基督徒仍然相信《圣经》是神的**原话**，“逻各斯”的古老含义仍然有效。

从另一个层面来回顾以色列的情况，就可发现，当时一种现存的具有典型宗教内涵的亲密语言（*langue intime*）恰好满足他们对共同语言的需要。以色列希伯来语“个案”的特殊性在于宗教因素是其核心，主要表现在两个方面。一方面，这种语言曾在很长一段时间里几乎不再作为日常用语使用，而宗教为其提供了庇护所；另一方面，一个建立在特定宗教基础之上的国家在其发展和巩固的过程中，会使人们重新在日常生活中广泛使用这种受庇护的语言。

语言、宗教和身份之间的紧密联系还有其他现代实例。这些实例即使并不总是像希伯来语例子一样扣人心弦，但也同样趣味无穷。一些例子表明，语言和宗教之间的紧密联系既可增强语言，也可削弱语言。如，倘若宗教是某些受到语言危机的群体文化的中心支柱，那么利用宗教优势并表明唯有通过这一濒临灭亡的语言才能传达信仰是有意义的。在19世纪的新斯科舍省（加拿大），盖尔语是智慧、荣誉、公正的代名词，缘于其本身是“一门强大而有灵魂的语言”。同样，1916年，罗伯特·富勒顿把爱尔兰语形容为“最崇高、最纯洁的宗教灵柩”——它是“纯天主教文化的工具和媒介”。与此同时，英语则有可能被谴责为物质主义与无神文化的载体。余下爱尔兰语地区的天主教和爱尔兰语传统形成重要屏障，抵御了英语世界对其的侵蚀影响。从语言学角度看，这很荒谬，但以社会语言学角度来看，却发人深省。

正如爱尔兰语曾被斥为“天主教”[1]的语言，在都铎王朝时期遭到禁用，又曾为宗教皈依提供便利，而后来再次被间接禁用一样，爱尔兰语的宗教组织为19世纪的宗教复兴运动者所利用。爱尔兰人–英格兰人–天主教徒–新教教徒错综复杂的关系本身就足以证明其需要社会语言学的更多关注。时至今日，天主教在爱尔兰的力量仍无可撼动，利用其威力去主导爱尔兰语的生与灭、兴与衰，似乎是合乎逻辑的举动。的确，如果事实证明有可能使信奉天主教的爱尔兰人相信，他们的信仰和爱尔兰语之间存在不可分割的联系，那么爱尔兰语的命运或许会得到极大改善。 102

事实上，宗教力量或许已经**抵消**了人们为语言复兴所做出的努力。作为爱尔兰身份认同中最具影响力的组成要素，天主教义的延续也许削弱了保护语言要素的强烈欲望。在一个其语言日益成为社会和经济发展关键的强大邻国面前，如果依然有其他稳固的支撑，那么日渐式微的本地语言似乎就不再是“群体性”的中流砥柱。甚至在少数行动主义者中，某种语言顺从或许会变得越来越明显，对其他语言的接受度可能会越来越高，因为他们确信群体认同毕竟仍然有着坚实的基础。

这些凯尔特语分支间的恩怨时至今日依然存在。苏格兰的一位当代长老教会牧师表示，不管过去情况如何，现在神显然对盖尔语怀有敌意。由于一直没有说盖尔语的人竞选牧师，这位可敬的牧师便声称：“既然上帝没有派遣讲盖尔语的劳工去收割他的庄稼，因此，恕我直言：盖尔语的存在并非上帝所愿。”

---

① 原文“popery”是对罗马天主教的贬称。

如今，在上帝的田地里可能很少有讲盖尔语的劳工在工作，103 但在世界其他地方，传教活动却几乎有增无减。这种宗教活动一直与语言问题密切相关。毫无疑问，大量颇具价值的语言工作均由传教士完成，且并非所有的工作都是为了加快宗教的皈依。正如马克斯·缪勒所指出的那样，传教士“无论去了哪里，只要和新种族有了接触，就会收集词汇，草拟语法”，他们认为这是他们的职责之一。当代语言学家也指明了传教士一直以来所发挥并将继续发挥的重要作用。很显然，这必然会引发矛盾，因为无论传教士的动机多么友善，他们都在进行文化干预。更确切地说，传教士或许会对当地的文化和语言产生真正的学术兴趣，但是，他们普遍反对当地宗教。

显而易见，传教士之所以研究和记录当地土著语言，只是为了将其用作传播基督教福音的工具。维多利亚时期，传教士在非洲传教时发现，学习当地语言对传教颇有帮助，美国国际语言暑期学院（SIL）的现任成员也有如此发现。成千上万的工作者，几乎遍布世界各地，出版过极其重要的刊物，其中包括收录了世界上所有语言的综合目录《民族语》（*Ethnologue*）。《民族语》定期更新，最新版本（2013）为第16版。美国国际语言暑期学院成立于20世纪30年代，现总部设在得克萨斯州，事实上，它比其合作伙伴威克利夫圣经翻译会更为世俗化。学者认为该组织正试图弱化其传教士的角色形象，其语言活动旨在翻译、传播和保护《圣经》的各种方言版本。

语言的宗教功用历史悠久。例如，在18和19世纪的爱尔兰，人们希望通过使用当地语言能更有效地将天主教徒转变为新教徒。一百年前，捷克伟大的教育家夸美纽斯曾说：“要让我们中的一些人通过与蛮族的交往来学习他们的语言。”他进一步建议道，要把大批孩童带去接受教育，并在“我们的语言环境与万物和谐”之中长大成人，之后，作为使徒回到他们自己人当中。这也是一种历史悠久而普遍的做法。 104

世界许多地区的许多儿童，通常被逐出家门并被安置在寄宿学校。这些儿童包括澳大利亚和北美的土著儿童，直到现在才有人系统地对他们遭受的驱逐和虐待做“真相与和解”调查。表面上看，这是因为要用现代化的方式更好地教育他们，从而改善他们的前景。然而，实则却是为了中断古老的传统、文化和语言。这些传统、文化和语言，最好的情况下被视为消极原始的东西，最坏的情况下则被视为积极对抗征服国或主宰国的命令。

福音传教士也常常发现，在学习语言的同时，也需要教授语言。例如，早期的耶稣会传教士发现，语言的多样性阻碍了他们的活动：即使当地已有土著通用语，但“其原始的词汇仍不足以用来解释信仰的奥秘（*mysteria fidei*）”。因此，早期构建人造语言（世界语的前身）的尝试，均出于强烈的宗教动机。其精神驱动力通常与不太神圣的目标相契合。例如，美洲的商业冒险家告诉查理五世，语言的混乱妨碍了他们发现和开采黄金、白银以及其他宝贵资源。因此，乔治·达尔加诺在其17世纪通用语方案《符号艺术》的序言中指出了通用语在“教化蛮夷、传播福音、促进交通和商业”上的价值。

语言与性别

gender一词可以指类型或类别，但这一用法已被弃置不顾。17世纪一位医生写道：“这一类型的疾病多半无法治愈。”

105 (“Diseases of this gender are for the most part incurable.”)作为动词，它曾表示交配：“大象从来只在私下里偷偷交配。”(“Elephants never gender but in private, out of sight.”)到了18世纪中叶，该词才出现与繁衍后代相关的含义：“虎生虎，豹生豹。”(“From tigers tigers spring; pards gender pards.”)但至少从14世纪开始，gender一词就基本用作语法术语了。按照现代用法，该词指的是男性的阳刚行为或女性的娇柔行为；历史上也曾有一两次不同的用法，通常是指诙谐或腼腆的天性。gender通常可以有效区别于sex：后者具有生物学特征，而gender虽然建立在生物分类的基础上，却是一种社会结构。

当然，男女之间确实存在语言差异，有些差异还相当显著。正如17世纪一份调查报告所述：当欧洲人首次接触新大陆的加勒比印第安人时，他们发现对方不管是男性还是女性均有他们“自己特有的”表达方式。双方能互相理解，但是，不同的活动和兴趣，加上社会和宗教禁忌，导致双方语言在实际使用上存在差异。或许，从原则上而非程度上来说，情况并没有随着时间的推移和文化的发展而发生太大改变。

方框G

语言中的性别

词语可以指涉阴性或阳性，或者与这些类别有关的事物。英语中，我们会发现he（男）和she（女），actor（男演员）和actress（女演员）这类有较为明显归因的词语和一些没有那么明显归因的词语（例如，ship被视为阴性）。其他语言也有中性词（英语中，it是中性代词）。有些词汇的性别归类可能很难理解。例如，德语中，“刀”（*messer*）、“叉”（*gabel*）和“汤匙”（*löffel*）分别为中性、阴性和阳性。法语中，“阴茎”（*pénis*）是阳性——但“阴道”（*vagin*）也是阳性。意大利语的“女高音”（*sopranos*）是阳性，但“哨兵”（*sentries*）却是阴性。法语和意大利语中，“月亮”（*lune, luna*）为阴性，“太阳”（*sole, soleil*）为阳性；而德语中，“月亮”（*mond*）是阳性，“太阳”（*sonne*）是阴性。诸如此类的例子不胜枚举。 106

有些语言中，是**听者**的性别而非说话者的性别决定了其所使用的语言变体；而在另一些语言中，说话者和听者**双方**的性别对此均产生影响。许多文化中，语言差异也与亲属关系的概念和描述相互交织。在玻利维亚的奇基塔诺语中，女性用*ichibausi*来表示“我的兄弟”，而男性会说*tsaruki*；女性用*ishupu*来指“我的父亲”，而男性会说*ijai*。也许有人会说，这种变化并未明确地或是从根本上暗示性别差异。毕竟，兄弟姐妹之间的关系不同于兄弟之间的关系，而且兄弟和姐妹也没有理由用同一个词来称呼其他兄弟们。那么，这些是用不同的词来表达心理上不同的事物，而不是用不同的词来表达相同的事物。

大多数读者更熟悉的是不那么严格的性别语言差异：与其说是“性别排斥”，不如说是“性别偏好”。人们普遍认为，女性用语往往比男性更“规范”、更“礼貌”，女性使用语言时更为保守。一个看似矛盾的发现是，在群体语言正在发生转变的地方，女性往往会较早地做出“转变”，更早地使用更享声望或更为强势的入侵语言。但是，当人们关注到为什么女性用语比男性用语更为规范时，这一矛盾就会逐渐弱化。许多解释将女性语言保守主义与地位意识联系起来。例如，如果女性的社会安全感比男性的低，她们可能希望通过使用更规范的语言形式来获得地位。如果传统较少将职业和收入作为标记来定义女性，女性
107 可能会将自己的言语作为一种社会地位的代用标记。如果她们更关心自己孩子的生活，她们可能希望充当“更好的”语言榜样。毫无疑问，所有这些可能性皆可用来解释为何女性用语比男性用语更为规范，且均不需要说话者有意识地去选择。

与此同时，现今女性也经常说脏话，至少在西方社会如此。这与从事的职业及受教育程度有关，不过跟年龄也有关：我经常在走廊听到高校女生说各种粗话，但从那些女教师口中却很少能听到这些不雅之言，即便是在其下班后放松之时，以及在同性场所中。研究还表明，即使是在语言更加包容开放的时代，仍然有一些词（毫无疑问，比以前少了）是女性避而不用的；脏话与脏话之间是有区别的。

如果简单地说男性比女性更爱说脏话是不对的，那么探讨礼貌用语时也应该小心谨慎。礼貌用语的使用几乎总是受情境影响。无论男女，礼貌用语的使用频率、形式和作用，均是值得探究的问题。此外，尽管人们普遍认为礼貌是种理想的社交润滑剂，让人感到更安全、更舒适，但被视为过度或不真诚的礼貌往往与服从、顺从甚至奉承联系在一起。这反过来可能会强化其女性内涵。还有，当我们想到我们时常听到毫无意义的祝福（“祝你愉快！”），或者迫使别人做明显出于唯利是图目的的自

我介绍（“嗨！我是查克，今晚由我为您服务”），或者别人随口给我们承诺（“嘿！没问题”）之时——当所有这些令人生厌的话语顺利跨越每一个可以想象到的社会鸿沟之时，我们可以猜想，这种流行语已然丧失威信，以至于将任何性别的细微差别与它的使用联系起来的尝试都是愚蠢的。

如果女性和男性的言语反映了社会地位差异，那么就必须考虑社会习俗、支配和服从等诸多问题。如果人们期望女性比 108
男性使用“更好的”言语形式，期望她们更有礼貌，如果她们使用亵渎和淫秽言语会受到更为严厉的制裁，那么就可以顺理成章地得出结论，她们是语言（和其他）行为受到限制的群体。具有讽刺意味的是，这种限制所采取的形式表面看来往往非常平和温柔：有礼貌，不说脏话，不是很好吗？然而，事实却是，如果人们在这些方面把女性供奉在某种语言圣坛上，那么她们的这种形象就已“固定”在那里，几乎没有改变的空间。

处于从属地位的社会角色可能意味着不安全、不确定和缺乏自信。这些特征正是20世纪70年代罗宾·拉科夫在女性语言研究中所阐述的。然而，拉科夫的研究遇到了诸多困难：方法有问题，分析不精确；特征列表不全面；而且她隐晦地采用了“以男性为标准”的视角。尽管如此，她至少试图对言语中反复出现的性别差异进行了分类，这一尝试广受好评。

其中最有趣的特征是那些涉及夸大其词或轻描淡写的表达，因为两者均可暗示紧张、胆怯，以及试图平息或避免争执的愿望。而这些反过来又与交流中的性别差异有关。男性主导谈话，男性打断女性说话的次数比女性打断男性说话的次数多；女性更易鼓励对方和促进对方与自己交谈，比男性提供更多的谈话反馈。至少,这个观点是大家普遍认同的。

我们很容易将所有这些视为男女明显差异的证据,而比较这些差异通常不利于女性。但是容易的并不总是正确的,在此
109 应做一两点说明。传统意义上与女性相关的言语特征,并不唯她们所独有,熟悉的特征并不总是意味着相同的情况,主从二分法视角显然不够细致入微。

想想“附加疑问句”吧,这是人们广泛讨论的女性言语特征之一。难道附加疑问句必须**总是**暗示着不确定性,**总是**想让听者纠正或者至少导向一个模棱两可的回答?有些附加疑问句确实如此,如,“这画画得真棒,不是吗?”;有些则最好理解为是起到“促进”交谈的作用,让听者更舒服地开始交谈,如,“你刚换了工作,不是吗?”;还有些可能只是为了缓和批评的语气,如,“这有点傻,不是吗?”。读者会即刻发现,男性和女性均经常使用这些用法。附加疑问句也可能具有挑衅含义,如,“我刚告诉过你,不是吗?”,这种情况下,读者有理由相信男性会更频繁地使用附加疑问句。

经过细致研究,珍妮特·霍姆斯发现,大多数女性使用附加疑问句是为了促进交谈(约占60%),三分之一表示不确定性,只有剩下的一小部分起缓和安抚作用。男性使用附加疑问句来促进交谈的比例显然比女性的要小(约占25%),但是大约有50%的附加疑问句可能是用来“缓和语气”或表示不确定性的。这些发现似乎颠覆了人们的刻板印象。男性的语言真的能如此柔和吗?男性真的比女性更加不确定自己的观点吗?如果他们更倾向于用温和的态度表达观点,为什么他们不更多使用促进交谈的句子:这两者不应相伴而生吗?答案是肯定的,也是否定

的。也许男性在语言上比女性更具攻击性，因此觉得更有必要使用温和的表达方式。也许，他们未经思考就脱口而出的观点是错误的，结果事后不得不出尔反尔。

深入分析言语性别差异后发现，“女性”特征、女性比男性偏高的礼貌用语使用频率及标准变体使用的增加等，可能并不表明她们缺乏安全感和自信，而是意味着女性渴望能够使自己的言语真正起到促进和支持作用。海伦娜·利特-佩莱格里尼 110
曾简明扼要地指出，男性通常会自问自己是否在交谈中获胜，而女性则会思考自己是否提供了足够多的帮助。这个观点过于简洁，更为宽泛的观点是，从孩提时代起，男性和女性就以不同的方式进行社交，因此，男性和女性可能会出于不同的社交目的使用语言。即使是沉默，也存在着男女性别差异：男性沉默，可能会被视为谨慎和智慧、权威和力量的象征；女性沉默，可能会被视为软弱或信心不足的表现。另一具有讽刺意味的事是，许多文化中，女性都是以这样或那样的方式被迫沉默着。

所谓男女之间的八卦差异具有启发意义。传统上认为，女性在以“人际关系”为核心的互助关系网中，八卦的内容主要是人际关系、个人经历和自身问题。而男性可能通常以竞争或好斗的形式来关注真实信息（当然，男性传统上会避免使用“八卦”一词）。然而，谁又能否认真实信息的交流在大部分女性人际交往中的中心地位呢？谁又会认为男性不愿意或者没有能力把时间花在无聊的戏谑上呢？

有大量的通俗文学作品探讨男女间的误解。虽然有些书籍建立在真实存在的社会习俗和刻板印象之上，但其间也会夸大其词以取得幽默效果。德博拉·卡梅伦认为，当讨论如何减少误解时，这些书籍便成了女性自助指南。指南的很大一部分可以命名为“你和你的情爱关系”，或者，更确切地说，“如何与你的男人相处”。其他“建议”则告诉女性，如果她们想得到别人的重视，想要在工作上表现出色等，就应该更像男性一样说话。
111 因此，充其量，这些建议要求女性更多的是适应和容忍，而不是指出这些行为或刻板印象的原因。卡梅伦还指出，性别差异是权力差异造成的：当丈夫问妻子是否有番茄酱时，传达的真正信息是“（请）给我拿一些来”；如果女儿问母亲同样的问题，母亲更可能告诉她番茄酱瓶子在橱柜里。

除了语言使用上的性别差异之外，还存在性别歧视语言本身的问题。由于无处不在的视觉媒体，真正暴力或令人反感的用法实际上越来越多，尤其是当我们把涉及性别歧视的语言和图像考虑在内的话。撇开这些用法不谈，我们不断地在我们的文化中看到越来越多粗鲁、琐碎、刻板或无礼的语言实例。

大约三十年前，还能找到这类例子：“律师和死亡妇女”（新闻标题）；“司机：系好妻儿的安全带——保证他们的安全”（道路安全海报）；“如果是女性，可能会被揩油”（菲亚特汽车广告）。今天，我们更加谨慎小心了（当然，并非在所有方面均是如此），但是维护自己的公众形象并不一定意味着私下要改头换面。此外，尽管现在人们很是关注、作者指南无处不在等，人们有时仍然会忽视诸如“代表及其妻子”之类的事情。语言学家苏珊·罗曼写道，她被称为默顿学院唯一的“女教授”。的确，并非所有方面均是如此。鉴于此，我们是否应该尝试改变社会，以确保语言会随之而改变？我们是否应该尝试改革语言，以加速快乐时光的到来？语言仅仅是一种征兆还是也可以成为一种促成因素？显然，我们都要继续努力研究上述两种情况。在语言变化层面上，很明显，一些糟糕的用法已经消失，一些新的、更合适的词语已经出现。毕竟，“Ms.”一词很快就永远占有一席之地了。

伟大的丹麦语言学家和英国通奥托·耶斯佩森于1922年 112
出版《语言》一书，专设一章探讨女性，对男性却并未单独设章。尽管后续著作者人数众多，且有男有女，但耶斯佩森仍是领军人物。性别语言文献过去几乎只涉及女性，如今大部分依然如此。其中有社会学方面的原因。正如在美国研究西班牙语语言政策比研究英语语言政策更有指导意义一样，亦如考虑黑人的社会状况比考虑白人的更合适一样，更加关注女性语言也许更能发人深省。然而，尽管在信息和社会敏感性研究方面取得了最新进展，我们必须注意避免把一种性别的言语当作另一种性别言语不同或偏离的标准。为什么说女性比男性更有礼貌，或者更少说脏话，或者更善于交谈，或者在语言上更模棱两可？为什么不问问男性为什么更粗鲁、更咄咄逼人、更盲目自信？基于珍妮特·霍姆斯的深刻见解，有一项研究对附加疑问句进行了分析，其标题为《性别无差异，差异性别造》，这个短语描述恰当，适用于该领域所有的调查研究。

自我命名

虽然每个人都能认识到姓名的重要性，但在社会语言学研究领域，只有少数学者对姓名研究（专有名称词源学；专名学）感兴趣。当代研究表明，姓名罕见或奇怪的学生在学校表现不佳；老师很少叫到他们，且其得分也可能较低。研究还表明，同一专著或就业简历附上不同姓名，得到的评价也不相同。因此，大多数父母花费大量时间来给孩子起名的做法是正确的。

费丝（Faith）、弗利西蒂（Felicity）、佩兴丝（Patience）和乔伊（Joy），这些富含高尚美德之义的姓名，让现代人想起清教习俗。清教徒习惯以神圣的美德命名。英克里斯·马瑟（Increase Mather）是17世纪马萨诸塞州的重要人物。1653年，普拉塞古德·贝尔朋（Praisegod Barebone）以自己的姓氏命名了英吉利共和国议会——贝尔朋议会。读过帕特里克·奥布莱恩航
113 海系列小说的人会想到船长杰克·奥布雷（Jack Aubrey）的管家，忠心耿耿、但脾气乖戾的普里泽夫德·基利克（Preserved Killick）。按照这个思路，还出现了一些更为精心设计的姓名：一些人喜欢用"为正义而战的琼斯"（Fight-the-Good-Fight Jones）和"敬畏上帝的史密斯"（Fear-the-Lord Smith）这样的名字。

当代的名字，诸如卡里奇（Courage）、古德威尔（Goodwill）、布莱斯德（Blessed）、洛德温（Lordwin）、古德勒克（Goodluck）和威瑟斯（Withus）等，在非洲部分地区仍然很受欢迎，它们是殖民主义和劝诱改宗遗留下来的产物。即使没有明显的宗教意图，强制使用外国姓名也仍会让人想起殖民时代。罗利赫拉赫拉·曼德拉讲述了他上学第一天，老师姆丁加内小姐让他把名字改成纳尔逊的情形。因此，后殖民时代背景下，人们经常重新采用原住民的姓名，也就不足为奇了。在南非，东开普省的总理阿诺德改名为马肯凯西，国防部长帕特里克改名为莫西乌阿，均是如此。

群体名称提供的信息同样丰富。类似"河畔居民"或"山区

居民”的各种变体十分常见，但简单地以某种方式表示“我们”的名称也很常见。人们可能会认为这些名字听上去没有什么攻击性，但很多情况下，“我们”实际上是指“真正的人”“先民”，或更确切的说是指“人类”，这显然体现出对他人的看法。世界上许多地方均有类似的姓名——日本有阿伊努人，非洲有班图人和柏柏尔人，北美有因纽特人、切罗基人和萨利希人。如此等等，不一而足。印度尼西亚伊里安查亚省的阿斯马特人是个极端的例子；他们称自己为“人类”，而把其他人均归为“马诺威”——“可食用的人”。

通常，“外邦人”的姓名不是他们自己选择的，有时其他群体给他们起的名字会成为他们的主要称谓。部分美国达科他人（意为“朋友”）以“苏人”（意为“蛇”）这一名称为人们所熟知，这一名称是敌人对其称谓的缩写。许多因纽特人认为，早期人们称呼他们为“爱斯基摩人”，那是对他们食用生肉这一习 114
惯的蔑视。虽然威尔士人自称Cymry（意思类似“同胞”），但他们的英文名称实际源自盎格鲁-撒克逊语的w(e)alh，而该词又源自日耳曼语的Wälsche（“陌生人”“外国人”，甚至是“野蛮人”）。非洲南部说科伊桑语的人自称“科伊科伊人”（意为“人上人”），但荷兰人称其为“霍屯督人”（意为“笨嘴笨舌者”）。“野蛮人”和“笨嘴笨舌者”这两个词语实际上密不可分。前者源自希腊语中一表示后者的词汇，意指一切残暴、粗俗、无趣乏味的事物。

外界命名引起怨恨，这不足为奇。人们可以将其理解为“话语权挪用”（即重要的群体神话和传说主要由“外邦人”讲述）所引发的苦闷的具体表现。人们将其视为文化盗用和殖民主义的延续。因为在许多文化中，一些神圣或半神圣的名字、故事和传说只在特定的家庭或个人中传承，这一事实加剧了“话语权挪用”所带来的伤害。想一想北美的萨满教巫医、欧洲的吟游诗人，或者西非的部族史说唱艺人：他们是活的图书馆，学识渊博，肩负着保存和传播最核心、最重要的群体叙事的责任。

但是，“挪用”一词必须加上引号，因为无论人们多么同情那些受到恶劣对待的个人和文化，这个事情绝非一目了然。对挪用论进行合乎逻辑的延伸，可能会得出以下结论：没有人能够写出超越自身直接经验之外的东西；只有“本邦人”才能写出其自身的生活和文化。这样一来，女人就永远不能写男人，黑人就永远不能写白人，德国人就永远不能写西班牙人。这种强加于人的要求荒谬无比，会扼杀很大一部分世界文学的创作，阻碍人类相互了解。然而，当社会经济影响力显著不同的不同群体打破
115 各自的叙事边界时，人们就会产生不满情绪，这很容易理解。从逻辑上讲，我们应当不分畛域，一视同仁，但现实生活中的不平等现象无疑表明，人们应该特别关注弱者。因此，对于“话语权挪用”，一些评论更为缜密，它们没有以某种非此即彼的方式陈述问题，而是探讨跨界评论的合理**程度**，以及话语权挪用该不该发生的环境和语境。

结　语

姓名、宗教信仰和性别是体现个体和群体独特性的三个最重要的特征，而当它们与语言发生联系时，甚至会出现更有效的身份标记。前几章通过探讨身份认同问题，从本质上引出了最后一章的具体内容，该问题实际上为社会语言学和语言社会

学的方方面面提供了支撑。虽然语言是动态实体，其进程可以跨越世纪、跨越文化、跨越阶级和语境，但是，它始终拥有强大功能，始终以这样或那样的形式，反映并塑造着“群体性”。由此可见，对语言和语言变体的态度反映了其使用者的看法，是“语言社会生活”的核心组成部分。

完全可以预见，人们会努力“保护”语言并使其免受不必要的污染，特别是在他们已经理解语言作为工具和语言作为象征之间区别的情况下。人们保护语言可能纯粹是出于其交流工具性上的考量，例如，保持语义清晰，防止歧义。然而，当群体边界语言标记的完整性和优势受到威胁时，人们就会产生更进一步制定语言规约的冲动。此时，风险可能来自语言内部（例如，社会地位低下的非标准方言），也可能来自周边大语种带来的外部压力。这些张力可以为维持或恢复濒危语种的努力提供动力，
但也可能导致语言转用和语言丧失模式，还有可能引致双语或 116
双方言共存现象。

总之，语言是人类生活一个不断变化的特征，也是我们思考
社会定义和社会交往的最具启发性的窗口之一。 117

索 引

(条目后的数字为原书页码，见本书边码)

A

B

C

D

E

L

V

W

Z

John Edwards

SOCIOLINGUISTICS

A Very Short Introduction

Do Dorren agus d'Oisín Ó Siochrú,
beirt a bhfuil grá mór agus
cion agam dóibh

Contents

List of illustrations

Acknowledgments

While I have drawn on the work of many colleagues here, direct help was provided by Paulin Djité, Tadhg Ó hIfearnáin, Geneva Smitherman, and Robert Zecker.

Chapter 1
Coming to terms

The acquisition of language cannot be accounted for solely on the basis of postnatal experience. Human beings must be genetically prepared or "pre-wired" to learn language. Since it would be silly to think that children born in France have a different sort of evolutionary wiring than their counterparts in Finland, brains must be equally "ready" in all the many language communities of the world. This, in turn, implies that at some fundamental level all languages may be cut from the same cloth. Noam Chomsky has been the single most important champion of this approach, in which linguistics intertwines with philosophy, psychology, and epistemology. All languages are not, of course, similar at more immediately observable levels, which means that linguists also concern themselves with the structure of words (morphology) or phrases (syntax), with meaning (semantics), with sound (phonology), and with lexicon (vocabulary). In effect, their work amounts to a detailed fleshing-out of the environmental "shaping" that directs the general genetic preparedness into specific language channels.

The environmental contexts of language are its obvious and immediate facets, and what might be called the "social life of language" has always been of great interest to a wide variety of people. Central here is the relationship between language and identity, whose consequences are always interesting and sometimes dramatic. A thousand years before the dawn of the modern era, some Ephraimites attempted to "pass" as Gileadites: they had been defeated and hoped to return home across the Jordan. They were detected, however, because of their inability when challenged to pronounce the word *shibboleth* in the Gileadite manner. In Judges 12:6, when the impostor "could not frame to pronounce it right . . . they took him, and slew him at the passages of Jordan" (KJV). More generally, and more peacefully, Publilius Syrus—once a slave, then a famous Roman epigrammatist—observed that "speech is a mirror of the soul." In the seventeenth century, John Locke wrote that language is the "great instrument and common tie" of society. And, in the twentieth, the linguist Edward Sapir argued that language was simply the most basic linchpin of humanity. In both its ordinary communicative role and as the most immediate symbolic marker of human affiliation, language is preeminently a social phenomenon.

Scholarly inquiry into sociolinguistics and the sociology of language can be traced to the nineteenth century, and no doubt existed much earlier. The terms used today, though, are relatively recent. Japanese scholars in the 1930s had proposed the uniting of sociology and linguistics, and the word *sociolinguistics* was apparently introduced by a Cambridge anthropologist, Thomas Hodson, in 1939. The single most important antecedent to modern study, however, appeared in 1952.

In that year, an assistant professor of English in Houston cited H. L. Mencken's *The American Language*, suggesting that its great popularity did not indicate a broad public concern with language or linguistics per se but, rather, that it was "socially satisfying or harrassing" to many people. Haver Currie was able to point to some existing American academic attention to those social aspects of language that interested Mencken's readers, but he lamented that the United States lagged behind Europe in the study of "folk" or "common" speech. Unaware of Hodson's coinage, Currie then suggested that a scholarly field called socio-linguistics [*sic*] might usefully be dedicated to the interaction of language and society.

Currie mentioned social status as a particularly interesting variable, foreshadowing a great amount of work in areas ranging from minority-majority group relations, to the ways in which different dialects are perceived, to the language of kinship terms and politeness. If, for example, languages and dialects can have greater or lesser prestige according to the standing of their speakers, it is equally clear that individuals may be given different titles (Dr., Mr., Ms.) and can be addressed at different levels of formality (John, Professor Smith). Formality is reflected in different personal pronouns: thus, *tu* or *vous* in French; *du* or *Sie* in German; *tú* or *usted* in Spanish. English has lost its earlier *thou–you* distinction, but it does retain the "royal *we*," the plural form used of an individual, historically related to power, and often the basis of the "respectful" variant of the second-person pronoun.

The sociology and the social psychology of language are, like sociolinguistics, concerned with the intertwining of language and society. Some have suggested that while the main focus of sociolinguistics is on language variation in different social contexts, the other terms imply an emphasis on behavior and context from a linguistic perspective. Others have argued that sociolinguistics is essentially the study of speakers' language choices; if so, a reciprocity of influence becomes immediately apparent. Context clearly affects such choices: we make different selections from our repertoire when talking to spouses, children, pets, vicars, doctors, friends in the bar, and so on. At the same time, however, language variation can be an important indicator of speakers' perceptions of particular settings and so may even act to alter their psychosocial tenor. A further distinction has seen sociolinguistics more interested in matters at a micro level than at a broader macro one.

Not only are terms and distinctions here treated quite loosely (sometimes within the same inquiry), there are other more specific headings under which the language-and-society nexus is studied. Included are applied linguistics, educational linguistics, anthropological linguistics, geolinguistics, and ethnolinguistics. These more fine-grained headings and perspectives are employed according to context and, often, to intent. It is probably not very fruitful to attempt further delineations along these lines, probably best to simply recognize that beyond the scope of linguistics per se, there is a related but often fairly independent set of approaches that consider society and language together.

Four final notes. First, although this is not a study of historical sociolinguistics, readers will note frequent historical allusions and examples. They are here to remind us that long before the modern terms now in familiar use, people were always deeply concerned about the social life of language. Second, when discussing languages and language groups, I have not put words like *small*, *big*, and *large* in the quotation marks that they really require. The terms denote the relative scope and dominance of languages, not the actual size of speech communities. More importantly, no value judgment is implied. Third, *multilingualism* could often replace *bilingualism* here (in considering fluency across different dimensions, for instance); the use of the latter term alone is simply in the interests of brevity and nonrepetition. Fourth, representation of letters and pronunciations departs from technical convention—this, simply in the service of greater reader-friendliness.

Language, dialect, and accent

It has become fashionable in some academic quarters to deny that languages actually exist, at least as "separable and enumerable categories." Languages are social constructions or inventions that vary across both communities and individuals. There are overlaps, sharp boundaries are generally lacking, and repertoires are dynamic and not unchanging. Indeed, at the level of the *idiolect*—the language of the individual—no two of us are exactly alike. Nonetheless, for all ordinary intents and purposes, there *are* separate languages, and there *are* distinct varieties within them.

There are interesting debates about nonhuman systems of communication. Is it right to speak of the "language" of some primates, of bees, porpoises, and whales, or should the label only be applied to human beings? Whatever the preferred answer, no one would deny that human language is far and away the most complex of all mediums. It does not, as other nonhuman systems do, merely reflect instinctual and largely invariant responses to immediate stimuli. On the contrary, we can discuss events in both the past and the future, we can contemplate things that never existed and never will. This nuance is possible because all members of a language community agree, first of all, on the meanings of things that reflect, in themselves, arbitrary choices. There is nothing intrinsic in either the sound "table," or its representation on the page, that conjures up the familiar meaning. It "works" in English but not in German or Japanese, where the community has come to assign different sounds and symbols to that same concept.

Second, we collectively agree upon certain rules—the grammar of a language—which are, again, entirely arbitrary. With a set of elements (words or components of words) and a system that regulates their combinations, there emerges a language capable of more or less infinite creativity. With a little thought, it would be possible for almost all of us to come up with a sentence that has probably never been uttered or written before; a reasonable knowledge of elements-plus-rules should permit the deciphering of its meaning. This knowledge also allows us to separate sentences that are nonsensical but grammatical ("Colorless green ideas sleep furiously") from those that are both nonsensical and ungrammatical ("Furiously sleep ideas green colorless"). Note, too, that what "works" as nonsensical-but-grammatical in one language will not do so in another. "'Twas brillig and the slithy toves" is *English* nonsense, and *Jabberwocky* would have to be dramatically recast—as has been done—to turn it into either *Das Jammerwoch* or *Le Jaseroque*.

1. Sir John Tenniel drew this illustration for Lewis Carroll's *Through the Looking-Glass, and What Alice Found There* (1871). It shows the monster described in Carroll's famous nonsense poem *Jabberwocky*.

All of this suggests a powerful but delicate human language capacity. For a long time, observers as varied as Ludwig Wittgenstein (philosopher), Otto Jespersen (linguist), and Charles-Maurice de Talleyrand (politician) have pointed out that the central characteristic of language is the capacity for storytelling, for hiding rather than revealing, for fiction and falsehood.

Most languages have a number of relatives, sharing some common familial features. However, even speakers of closely related varieties—Spanish and Italian, for instance—cannot expect full mutual comprehension, and reciprocal unintelligibility clearly increases with linguistic distance. Indeed, one would expect no overlapping between Finnish and Haida. As subvarieties under a common language roof, *dialects* are formally defined as mutually intelligible variants, differing one from another along three dimensions: vocabulary, grammar, and pronunciation. In some English dialects, speakers *brew* their tea; others let it *mash*, or *sit*, or *steep*. In others, *frying-pans* become *skillets*, and *milk shakes* become *frappes* or perhaps even *cabinets*. Few would deny that these lexical variants are anything other than different from one another or would assert that *bonnet* is better than *hood*, that *boot* makes more sense than *trunk*, that *tube* is more appropriate than *subway*. (Simple translation between British and American variants does not exhaust the complexity, of course. Like the Americans, the British have trunks, but not on their cars; their cars have hoods, which are not their bonnets; and Americans without cars can travel on the subway, something that the English can only walk through.)

When it comes to grammatical variation, however, many people are rather less tolerant: when, for instance, they hear someone say, "I done it yesterday," or "I ain't never goin' there again," or "I ax Billy can he play tomorrow." There is in fact ample scholarly evidence that *all* dialects are valid systems of communication, and that none is intrinsically better or worse than another. It is logical to assume that every group of speakers has a communication system that works for them with the precision called for in their social circumstances and without ambiguity. It is illogical to think that some groups manage to get by without such a system. Speakers of all dialects, then, speak correctly. The only appropriate yardsticks of correctness are community norms. Problems arise because not all communities and dialects have equal social clout, because the linguistic standards of those in power become dominant, and because social dominance (in language as elsewhere) allows difference to be translated into deficiency.

A final word here about dialects and their presumed mutual intelligibility. The inhabitants of Tangier Island in Chesapeake Bay certainly speak English, but their dialect is virtually impenetrable for mainland American speakers. On the other side of the ocean, a popular English television program, *Auf Wiedersehen, Pet*, depicted the adventures of a gang of unemployed bricklayers, one or two of whom had such thick Geordie varieties—the working-class dialect of Newcastle-upon-Tyne—that letters in the newspaper from viewers in the south of England requested subtitles. Indeed, most of us have encountered varieties of our own language that fail the mutual-intelligibility test.

Robert Burns famously wrote in Scots—also known as "braid [broad] Scots," or "Lallans [Lowlands] Scots"; here is a verse from his familiar *Auld Lang Syne*, written in 1788 and sung around the world on New Year's Eve (or Hogmanay, in Scots):

> We twa hae run about the braes;
> And pu'd the gowans fine;
> But we've wander'd mony a weary fit,
> Sin' auld lang syne.

A couple of centuries after Burns, I visited Edinburgh and went to Suruchi—an Indian restaurant—where the menu opened with these words:

> We're gaunae wheech ye aff for a whilie—aff tae yer ain pairt o India, whaur ye'll eat thae dishes that maist fowk in India eats. Tho Britain is hoatchin wi "curry shops" the day, in Scotland we're skiffin the surface yet . . .

Among the food on offer: *popadoms* (plain yins or spicy yins); *murgh sagwala* (tender dauds o chucken cookit wi reamed spinach, ingans, green herbs an guid reekin spices); and *chucken tikka masala* (the hail jing bang o fowk in Britain loo this dish an noo it's cookit tae the Suruchi's unique receipt). Readers may reasonably ask if guid braid Scots is an English dialect or a separate language.

Finally, suppose that there are four dialect communities, A, B, C, and D. Suppose that speakers of A and B can easily understand one another, that those in groups A and C have some considerable difficulty, and that speakers of A and D simply cannot communicate. Does this mean that A and D are actually different languages? Those unaware of groups B and C might be forgiven for thinking so, but they might not if the full continuum were revealed to them. The suggestion made by the linguist and Yiddishist Max Weinreich that "a language is a dialect that has an army and navy" illustrates another point of confusion between languages and dialects. Speakers of Norwegian and Danish can understand each other well—Swedish might go into the mix, as well—but the demands of political identity require that their varieties are styled languages. A similar situation applies to Hindi and Urdu, to Czech and Slovak, and to other pairs and triplets.

The story of Serbo-Croatian is a rather poignant example of social interference in the name of identity. The language was a common variety among not just Serbs and Croats but also Bosnians and Montenegrins. There were, to be sure, internal variants, pressures, and complaints, but the language as such was widely used and accepted. With the breakup of Yugoslavia, Serbo-Croatian lost its official existence, to be replaced by Bosnian, Serbian, and Croatian.

In Serbia little has actually happened; indeed, one of those earlier complaints was that the language was too "Serbianized" a medium anyway. In Bosnia, moves to emphasize Arabic-Turkish features have been made, but basic grammar and lexicon have been little affected. In Croatia, though, a number of symbolic declarations have been accompanied by formal efforts to try and make two languages where one once existed. Scholars are thus employed to set up barriers to communication in the cause of an exclusionary group solidarity.

Within dialect, there are also important variants and perceptions at the level of accent or pronunciation, and some other within-language distinctions—such as style, register, slang, and jargon—will be touched upon later in the book.

Instrument and symbol

The communicative function of languages and their subvarieties does not exhaust their importance. Languages are also potent boundary markers, highlighting and labeling particular social memberships: they are symbols of group identity. This is not something people think about very much, perhaps, if they belong to a community whose language is one of the current "languages of wider communication" like English, Spanish, Chinese, and Arabic. For speakers of these varieties the communicative and the symbolic aspects coincide, and the language of daily life is also that in which the group's traditions, history, and literature are recorded. Those whose mother tongue is a smaller language, however, often find their original or ancestral language becoming more and more a symbolic medium. Symbolic aspects of life can still figure importantly in self-perception; in fact, their very lack of tangible or visible substance can give them strength and staying power. Still, although psychologically important language status can long remain after the partial or full eclipse of mundane instrumentality, symbolic status arises from ordinary vernacular use—not the reverse. A shift away from a language in its ordinary communicative role must lead eventually to the dilution and ultimate disappearance of its symbolic significance.

Language families

How did human language arise? Was there *one* original variety (the principle of *monogenesis*) or did several emerge more or less simultaneously, in different places (*polygenesis*)? Putting these questions together with what is known about the world's five thousand languages, considering that these are collected in as many as two or three hundred language families, and realizing that these families are components in still larger groupings, makes the idea of some original linguistic tree trunk(s) seem logical, if only theoretically supportable. Hard data evaporate over time, and even contemporary relationships are not always clear. Where some scholars would perceive a separate family, others would see a thick branch of an existing group, and this accounts for the widely varying estimates of language-family numbers.

Some might think that reference to language classifications and families is of narrow linguistic interest and not a great concern for more "social" attention. This is wrong on both general and specific counts. The ever-increasing knowledge about such groupings relies upon scholarly triangulation, in which evidence from language patterns and similarities is combined with archaeological, historical, and genetic information to produce an informative *social* picture of past and present communities. More specifically, chapter 8 shows how languages, and the possible relationships among them, have historically loomed large in some of the deepest religious questions.

Speculation about families of languages had been abroad for more than a century when Sir William ("Oriental") Jones gave the idea its "academic identity card" in a 1784 address to the Asiatick Society of Bengal, suggesting strong affinities among Sanskrit, Greek, and Latin. One of his biographers has called

Jones the "father of modern linguistics" and, while this may be overly generous, he was clearly one of the first scholars of comparative and historical linguistics. His description of Latin and Greek as "sisters" having a common "parent" marked the beginning of serious attention to what would soon be called the "Indo-European" languages and, more widely, to cross-language comparisons that went beyond varieties in geographical proximity. The work took some time to gear up, however, and the nineteenth-century studies of Jacob Grimm, Franz Bopp, Rasmus Rask, and other continental scholars provided the first firm bases. A historical approach to language classification was distinctly appealing in Darwin's century; so, as with earlier linguistic analogues to herbals and bestiaries, language families came to be understood as products and reflections of evolutionary development. Beyond the Indo-European group of languages, other important assemblies include the Austronesian, Niger-Congo, Afro-Asiatic, and Sino-Tibetan families. The greatest number of speakers (about 2.5 billion) is found among the 450 Indo-European languages, but the Niger-Congo and Austronesian families, each with about 350 million speakers, reveal much greater language diversity: there are more than 1,500 languages in the former, and almost 1,300 in the latter.

Box A
Sir William Jones on Sanskrit, 1784

The *Sanscrit* language, whatever be its antiquity, is of a wonderful structure; more perfect than the *Greek*; more copious than the *Latin*, and more exquisitely refined than either, yet bearing to both of them a stronger affinity, both in the roots of verbs and in the forms of grammar, than could possibly have been produced by accident; so strong indeed, that no philologer could examine them all three, without believing them to have sprung from some common source, which, perhaps, no longer exists.

The Indo-European Family Tree: An Abridged Depiction

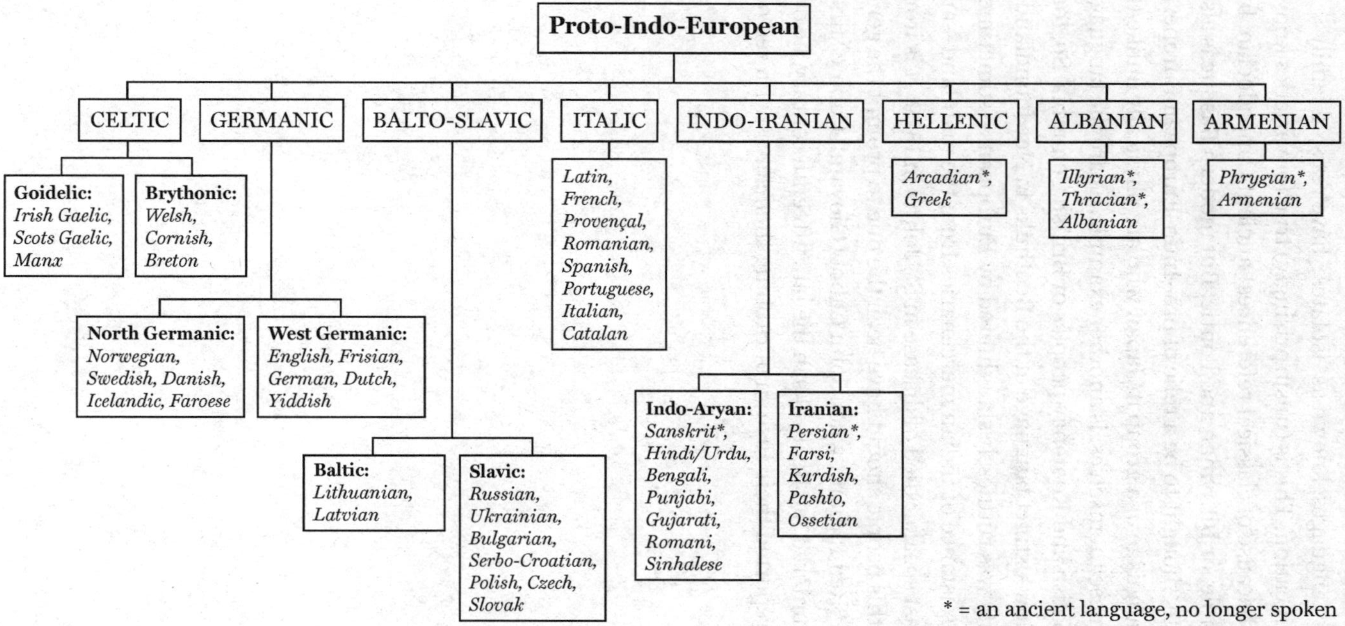

2. The Indo-European family tree has many branches. Only some of the more central ones are shown here—but enough to reveal the great diversity among the languages of the group.

Some languages, known as "isolates," have resisted family classification. This is (unsurprisingly) true for varieties known only because of classical references: ancient Cappadocian, for example, or Bithynian and Pontic. But modern Basque is also an isolate, thought to be a relic of pre–Indo-European Europe. Ainu, the language of a group in Japan who are physically unlike the Japanese themselves, is another example, as are the languages of the Salish and Kootenay peoples of British Columbia. So, too, is the now-extinct language of the Beothuks in Newfoundland. This society was ruthlessly slaughtered by Europeans—sometimes with the assistance of Indian mercenaries from the mainland—and the last speaker died of disease in St. John's in 1829. It is ironic that this people should have been the one to prompt the generic term "Red Indian": when John Cabot (Giovanni Caboto) first encountered the Beothuks in the late fifteenth century, he observed and reported their custom of rubbing themselves with red ochre.

Chapter 2
Variation and change

Variation is the only linguistic constant. Since, at base, sociolinguistics is about the linkages between language and society, inquiries into language variation are central: they lead to finer-grained understanding of these linkages by illuminating the changes that all natural languages are heir to. English speakers once sounded the "k" and the "g" in words like *knave*, *knight*, and *gnaw* and the "w" and "b" in *sword* and *lamb*. Why did they stop? Where change implies the possibility of impaired or imperfect communication, why does it occur? Historical and contemporary insight into languages and cultures in contact can answer these questions, revealing that change happens in non-random ways.

Besides pronunciation, grammar and vocabulary also alter over time, and their combined evolution can make our own language foreign to us. *Beowulf*, written about 1000 CE in the West Saxon dialect, is the classic poem of Old English literature. The opening sentence is:

> Hwæt. We Gardena in geardagum,
> þeodcyninga, þrym gefrunon,
> hu ða æþelingas ellen fremedon.

Here are two modern translations: the first is by Michael Alexander (1973), the second by Seamus Heaney (2000):

Attend!
We have heard of the thriving of the throne of Denmark,
how the folk-kings flourished in former days,
how those royal athelings earned that glory.

So. The Spear-Danes in days gone by
and the kings who ruled them had courage and greatness.
We have heard of those princes' heroic campaigns.

Apart from the obvious difficulty the original poses for modern English speakers, the passage also highlights orthographical change. We see the old letters *thorn* "þ" and *eth* "ð," each sounding more or less like "th," as well as the linkage (formally a "ligature") that produces "æ." The letters are gone in modern English, and the ligature is increasingly rare. All three continue to exist, however, in other alphabets—notably modern Icelandic. The two modern renditions suggest the inadequacy of any simple word-for-word approach; they also reveal the variation possible in translations of the same text.

Moving from Old English (ca. 450–1100 CE) to the period of Middle English (ca. 1100–1500), one finds a famous little round song; written ca. 1250, it is one of the earliest pieces that can be reasonably easily read today. (The old "long s"—the "ſ"—as well as the *thorn*, are shown in the original here.) This is the first verse:

Svmer is icumen in,
Lhude ſing cuccu.
Groweþ ſed and bloweþ med
And ſpringþ þe wde ["wode" or "wude"] nu
Sing cuccu.

This becomes, in a contemporary rendering:

Summer is here.
Sing loudly, cuckoo.

The seed is sprouting and the meadows are blooming,

And the woods spring into life.

Sing, cuckoo!

Chaucer's *Canterbury Tales* (ca. 1390) is still in the Middle English period. The prologue begins:

Whan that aprill with his shoures soote
The droghte of march hath perced to the roote,
And bathed every veyne in swich licour
Of which vertu engendred is the flour;

Again, modern readers will be able to grasp most of this, although "bilingual" editions of Chaucer are still quite usual.

The works of Shakespeare and Dickens provide examples of Early Modern English (1500–1750) and Modern English (from 1750), respectively. Here, first, are some lines spoken by Romeo, as they appeared in the first folio edition of *Romeo and Juliet* (act 1, scene 4):

A Torch for me, let wantons light of heart
Tickle the ſenceleſſe ruſhes with their heeles:
For I am prouerb'd with a Grandſier Phraſe,
Ile be a Candle-holder and looke on,
The game was nere ſo faire, and I am done.

(The "long s" is again retained here, as is the "u" for "v" in the third line.) With the possible exception of *grandsier* (i.e., grandfather, or ancestor), there are no words that cannot be understood here; still, many readers will need at least some assistance in decoding the passage today.

Finally, even the works of Dickens—those perennial favorites for modern television drama—pose some difficulties for the contemporary reader. Here are two passages taken from *David Copperfield* (published 1849–50):

The conflicting interests of these touting gentlemen being of a nature to irritate their feelings, personal collisions took place; and the Commons was even scandalised by our principal inveigler (who had formerly been in the wine trade, and afterwards in the sworn brokery line) . . .

In pursuance of my intention of referring to my own fictions only when their course should incidentally connect itself with the progress of my story, I do not enter on the aspirations, the delights, anxieties and triumphs of my art.

From *Beowulf* to Chaucer to Dickens: the progression of difficulty illustrated here is borne out by several years' worth of investigation with my university students, who are given some context and, of course, told about "þ" and "ð," and "ſ." By the time we get to Dickens, vocabulary problems have abated but stylistic hindrances remain. Increasingly rare in English classes at both secondary and university level, the works of Dickens may soon require the translations or annotations that accompany earlier works.

For tracking grammatical and lexical changes over time, there are written and printed texts (not always enough of them, of course). For past pronunciation changes, however, there are no direct data records, no speech samples. In the Great (English) Vowel Shift that gradually proceeded over the two centuries between Chaucer and Shakespeare, the long vowels moved: for example, *time* once sounded like *teem*, *house* like *hoose*, and *day* like *die*. Such non-random alterations often involve "chain shifts," by which sounds move along a phonetic spectrum: linguists write of "push" and "pull" chains, a sort of regularized game of musical chairs in which a sound move creates a vacancy into which an adjacent sound can move, and so on. A New Zealander delighting over the purchase of a lovely new *rid driss* is demonstrating part of a chain shift that has "raised" the vowel: just as *bad* has come to sound like *bed*, so *bed* must then move to sound like *bid*.

The investigation of historical changes in pronunciation requires some detective work. The relationships among languages offer clues: until that Middle English vowel shift, the English pronunciation of the letters *B*, *C*, and *D* was as it now remains in French (*bay, say, day*). Scholars also attend to the ways poets and dramatists of the past scanned their sentences and rhymed their words. Phonetic spellings and misspellings found in all sorts of written material are also useful. If words such as *marchants* and *parsons* regularly appear in print and if it is clear that the writers were referring to *merchants* and *persons*, that is a clue to pronunciation.

Modern studies in language variation

Given sufficient interest—for forensic purposes, for instance—it could be shown that no two people speak exactly alike. However small a dialect or accent group may be, and however fine-grained the restriction to specific styles or registers or jargons, at least some variation could still be found at the individual idiolectal level. Age and gender differences also make their presence felt, across individuals but still within the smallest of groups, and teasing these out may sometimes be desirable. Charting large-scale variation across time, however, is usually of greatest general interest, and contemporary linguists now have more tools to accomplish this. Most obvious and relevant is the use of sound (and video) recording with written transcription.

Thanks in part to the archived recordings of Queen Elizabeth's Christmas messages, for example, sociolinguists can demonstrate that she has changed her pronunciation throughout her sixty years on the throne. While it is unlikely that Her Majesty will ever drop her aitches, she no longer speaks her own original Queen's English. This variety, traditionally taken as the apex of "Received Pronunciation" (RP), has moved closer to a standard southern British English (see p. 24). Of course, the queen need not pay the slightest attention to changing usage in general or to her own speech in particular, and she could cite an old regal precedent. At the Council of Constance, convened in 1414 to discuss heresy, schism, and church reform, Emperor Sigismund's language was corrected by a minion. His lofty reply: "*ego sum rex romanus, et supra grammaticam*" (I am the king of Rome, and above grammar).

Sociolinguistic fieldwork can be direct—asking people to say things that have the linguistic features of interest or probing for vocabulary differences across regions—or it can be a bit more subtle. Investigators can listen, record, and re-listen as required. The value of written information, however, has not been entirely displaced. Some very recent work has compared interview and questionnaire methods, finding that the latter still have a place. They can produce reliable data in response to these sorts of questions: "Does 'news' sound like *nyooze* or *nooze*?" "Does 'leisure' rhyme with *measure*, or with *seizure*?" "What do you call the knob you turn to get water in a sink?"

The first published report of this type appeared more than a century ago, and it was a strikingly large undertaking. Rather than conducting field interviews, Georg Wenker sent questionnaires investigating phonetic and grammatical variation to village schools throughout Germany. The forms presented forty sentences for teachers to send back to him in the dialect of the area: that is, they had to make orthographical adaptations in an attempt to capture local pronunciation. Wenker apparently received some 52,000 questionnaires, so it is perhaps unsurprising that only very partial results appeared in his *Sprach-Atlas von Nord- und Mitteldeutschland*, published in 1881.

The single greatest disadvantage of this sort of approach is that it relies upon self-reported data. It may be problematic when asking how words rhyme—informants may not always be entirely honest. It is certainly problematic when interpretation must rely upon amateur phonetic and orthographic efforts. Realization of the difficulties is part of the rationale for "ethnographic" studies, in which close and sustained cultural investigations are carried out by scholars who try to become group insiders, and whose results thus emerge from "participant observation." This method has also led to the generation of more indirect measures.

One pioneer of modern variationist sociolinguistics is William Labov. In work reported in the early 1960s, he investigated language use on Martha's Vineyard, an island just off the Massachusetts coast whose population swells dramatically with tourists during the summer. In something like a return to the pronunciation of the first English settlers in Massachusetts, words like *light* began to sound more like *loight*. Labov found that the motivation for such alteration, which began with local fishermen, was social in nature: it represented a way of distinguishing themselves from the summer visitors, who were (as such visitors so often are) both welcomed and resented. The change was then adopted by others on the island, even though such "vocal centralization" is not a generally prestigious feature in either American or British English. Since it is clear that socially based change is also implicated in regional distinctiveness, geographical and social or class distinctiveness are best considered together. It is a sense of identity, as marked through language, that is at the heart of things.

The "socialness" that is so important is what led Labov to initially resist the label of "sociolinguistics" on the simple grounds that it was impossible to conceive of a thoroughgoing linguistics which was *not* social. "Either our theories are about the language that ordinary people use on the street, arguing with friends, or at home blaming their children," he wrote, "or they are about very little indeed."

"Ordinariness" is key here, since the interest is typically in speech, in various contexts, which is not self-conscious or aware of being attended to in any formal way. In some of his work, Labov tried to elicit unselfconscious usage by asking respondents to discuss emotional issues, including death and danger, sex, and perceived injustice. Involvement in such discussions does seem to trump self-attention, but the context is still not as "natural" as it could be, and elements of the "observer's paradox" may arise to confound results. Labov put the matter this way: "to obtain the data most important for linguistic theory, we have to observe how people speak when they are not being observed."

The Martha's Vineyard setting illustrates change from "below," a more or less unconscious alteration. Later work on vowel shifts also shows change welling up from below. Speaking in an interview in 1991, Labov observed that important changes had been under way in American English for about half a century: in the interview, Labov himself illustrates the *light* to *loight* sort of change noted earlier. Indeed, vowel alterations are underway around the Great Lakes, in the South, in California, and elsewhere. (In further testament to the language dynamism recorded by Labov, researchers who revisited Martha's Vineyard forty years after his work there found that the changes he described were evaporating, as closer and less traditional links to the mainland developed.)

In work that has become famous for its clever simplicity, for the way in which it elicited information without alerting the informants but also without crossing any ethical boundaries, Labov went on to illustrate change from "above." Here the topic is the use (or not) of the "postvocalic r." Speakers who exhibit "rhoticity" pronounce the "r" when it follows a vowel (as in *cart* or *flower*), while "non-rhotic" speakers do not—although they too sound the "r" when there is a following vowel (either in one word, as in *horrid* or in a sequence such as *flower opening*). Staff members in New York shops at the top, middle, and lower end of the market (Saks, Macy's, and Klein's, respectively) were asked by Labov (who is "rhotic") where specific goods were to be found. In every case, it had been predetermined that the items in question were on the "fourth floor." Since the respondents typically replied to the question twice—initially in a casual fashion and then, prompted by the questioner who apparently didn't quite catch their answer, more emphatically—there were at least four opportunities for Labov to hear whether the postvocalic "r" was pronounced. It was most frequently present in Saks, less frequent in Macy's, and least frequent of all in Klein's. Since rhoticity is a feature of more prestigious accents in New York English, the suggestion is that the staff members in higher-status shops were adopting the pronunciation of their customers. In this and related studies, Labov was able to show that patterns of pronunciation (and syntax) were regularly correlated with socioeconomic status. Later work by others has confirmed the continuation of such patterns.

Social tendencies and attitudes and, therefore, language variations are not always stable over time. They need not cross geographical boundaries, either. To stay with the letter "r" for a moment, there is a striking example of how regular convention in one setting may be quite different in another. While the use of the postvocalic "r" increases as one ascends the social ladder in New York, it is quite otherwise elsewhere. Nearly a decade after the famous department store studies, Peter Trudgill found a neatly inverted set of results in Reading, England.

Box B
Percentages of postvocalic "r" pronunciation in New York and Reading

	New York	Reading
Upper-middle-class speakers	32%	0%
Lower-middle-class speakers	20%	28%
Upper-working-class speakers	12%	44%
Lower-working-class speakers	10%	49%

It is not only English speakers in Berkshire who show this "un-American" pattern; non-rhoticity is a central feature of "Received Pronunciation" (RP: the prestigious and nonregional variety of British English; "received" is in the sense of "accepted as correct"). Equally, the New York results apply far beyond the city limits. At the same time, one need not go very far from New York to find American complexities: upper-crust Bostonians may not be non-rhotic in quite the same way as speakers of RP, but they often "pahk the cah" without an "r." The power of social convention regarding rhoticity is further demonstrated by the fact that most if not all English variants were once rhotic. It is only from the early seventeenth century that a gradual loss of the postvocalic "r" in some dialects can be observed. The reasons for accent change may not be clear, but it is safe to assume that, as with dialect variants, pronunciation difference typically becomes yet another aspect of status-boundary marking. This has nothing to do with any intrinsic correctness, virtue, or superiority, and everything to do with social pressure and prestige.

Considering that sound variations, to say nothing of lexical and grammatical regionalisms, have been shown to impede comprehension across cities and regions, and to interfere with cross-age-group communication within them, it is clear that powerful forces are at work. If unchecked and given sufficient time, these forces could drive in such strong linguistic wedges that dialect variations would enlarge to the point that separate languages could eventually emerge. The evolution of Latin into the various Romance languages is the classic case here. One might also bear in mind the rise around the world of a number of different Englishes, many of them well entrenched, with millions of speakers, and fast developing wide ranges of localisms. Might Indian English one day become entirely unintelligible to a speaker from Bristol, or Boston, or Brisbane? As Labov noted himself, there *are* countervailing pressures that militate against such an eventual mutual unintelligibility; chief among these are physical and social mobility of all sorts, as well as the ubiquity of print and the broadcast media. Whether these will prove in all cases to be sufficiently strong is not entirely clear, though.

Change may also rest to some (slight) degree upon desirable simplifications, and long-standing pronunciation differences may eventually be reflected in written language. It is easier to say *hambag* than *handbag*, and pronouncing it "properly" might seem pedantic or affected. It is also easier to leave off final consonants: many pronounce words like *running* and *jumping* without the final "g." Even such a simple and familiar example can reveal temporal, class, and gender dimensions. For instance, *huntin'*, *shootin'*, and *fishin'* were pronunciations once commonly used by the squire and the lord of the manor. They were also prone to drop the "h" with words like *hotel* and *historian*. While such usages were sometimes fashionable affectations, they exemplify an interesting complication: they were found at the two ends of the social-class scale. In the same way, *feller* (for *fellow*) and *ain't*, while continuingly frequent lower-class variants, were once also heard among the gentry but virtually never among the middle classes.

John Fischer's 1958 study was a reminder that gender is also a relevant factor here. Working with two dozen young children in New England, he investigated the use of the *in'* and *ing* endings (in words like *coming* and *going*). He found that boys were more likely than girls to use the former, and that the use of the latter increased with the formality of the situation. To this finding can be added a wealth of informal but accurate observation along contemporary social-class lines, but Fischer demonstrated that an awareness of the demands of more "polite" settings was in place, and that girls were more sensitive to this than were the boys, even among children younger than ten. (It has been suggested, incidentally, that the dropped "g" reflects an original pronunciation and the "educated" variant is a more modern introduction. Perhaps, then, it was nineteenth-century hypercorrection that produced the sounded "g.")

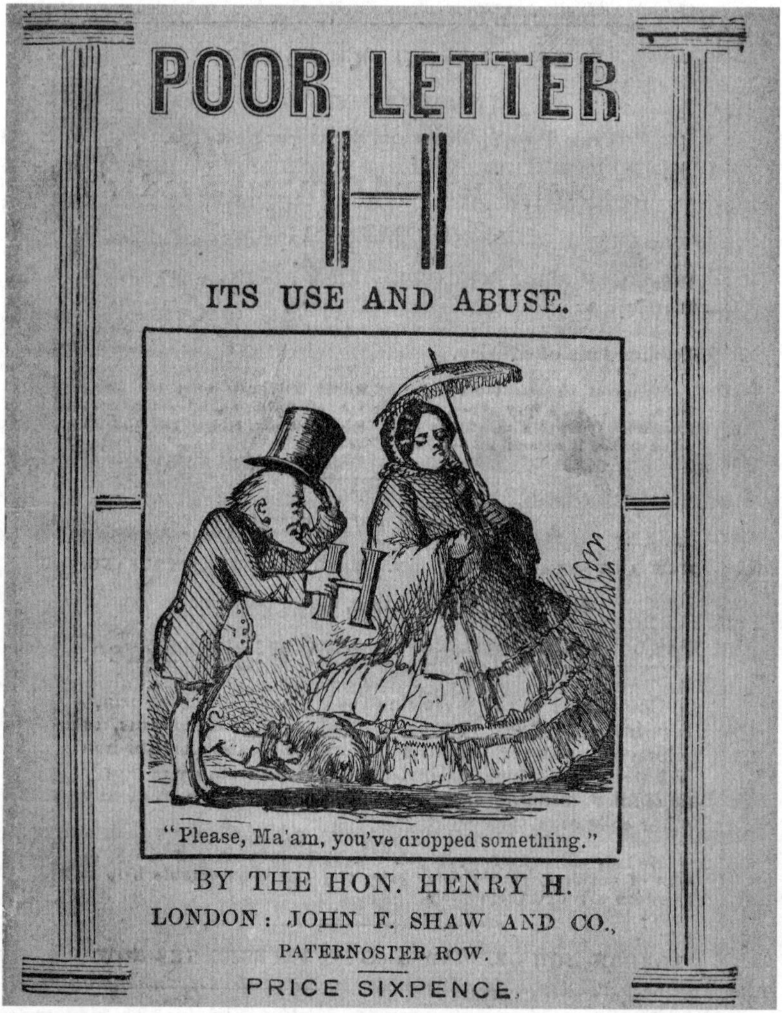

3. Some 50,000 copies of this short pamphlet, *Poor Letter H: Its Use and Abuse* (1854), had been sold by the 1860s. Its popularity reflects the increasing nineteenth-century attention to "correct" usage.

Although in British English words (like *house*) the "h" clearly had to be pronounced by anyone of social standing, it had been considered acceptable to drop it with words of Latin-French origin (*humour*, *hospital*, and so on). Attitudes gradually altered, however, and by the end of the nineteenth century only *heir*, *honour*, *honest*, and *hour* remained "h-less" in polite parlance. The "h" in words like *hotel* and *human* was now pronounced. Writing in 1873, Thomas Kington-Oliphant referred to "h" as "the fatal letter": dropping it was a "hideous barbarism." A century later, the phonetician John Wells wrote that dropping one's aitches had become "the single most powerful pronunciation shibboleth in England"—a "ready marker of social difference, a symbol of the social divide," as Lynda Mugglestone added. In *My Fair Lady*, Eliza Doolittle described the weather in three English counties: "in 'artford, 'ereford and 'ampshire, 'urricanes 'ardly hever 'appen" ('artford = Hertford, generally pronounced as "Hartford"). Indeed, Cockneys and others on the wrong side of the divide persist in omitting the "h" where it "ought" to appear, and sometimes inserting it where it shouldn't ("bring the heggs into the 'ouse, would you?"). Attempting to remedy these "errors," speakers may occasionally make embarrassing hypercorrections: pronouncing *heir* as if it were *hair* or *hare*, for example.

While the term "hypercorrection" can refer to *any* linguistic attempt to move up the social ladder, it most typically occurs where speakers of nonstandard dialects—feeling uneasy about socially nonprestigious features of their speech—tend to use higher-status variants, especially in formal settings. Labov found that in some very formal settings, lower-class speakers' use of such variants actually surpassed that of his upper-middle-class informants. Further, when asked about their customary linguistic practices, the former tended to exaggerate their use of higher-status forms. In many instances, hypercorrection involves the misapplication of rules, or overgeneralization. If, for instance, someone says "coupon" as *kyōō'pon* instead of *kōō'pon*, it likely stems from the mistaken belief that, if higher-status speakers say *styōōd'nt* rather than *stōōd'nt*, then an analogous pronunciation must be "correct" for *coupon*.

If nonstandard speakers sometimes imitate more standard ones, the opposite can also be true: features of working-class speech may be used by middle-class males, particularly when they wish to appear forceful, direct, and unambiguous; they may also claim greater use of these features than is actually the case. This "covert prestige" rests upon perceptions of what seems vibrant, masculine, and "tough," of what has "street cred." An illustrative example involved a middle-aged, upper-middle-class American university professor. He was being pressed by two or three male colleagues on an academic matter and, after an inconclusive discussion conducted in the educated dialect appropriate to the region, he finally stopped short, smiled broadly, and said, "Look fellas, you know they ain't no way I can do it!" This was a signal, immediately understood by all, that the time had come to cut to the chase. Conversation over. All-male social gatherings often produce such examples. The essence here lies in the perceived contrast between direct and no-nonsense usage, on the one hand, and inflated, tendentious, or blatantly dishonest language, on the other: straight shooting versus humbug (or "bullshit," now itself the object of increased scholarly scrutiny—and under that very name).

Covert prestige is essentially a male phenomenon—and, indeed, women may sometimes claim more *standard* usage than actually employed. The masculinity of nonstandard usage that underpins the operation of covert prestige is in some sense the mirror image of the alleged "poshness" or effeminacy associated with "talking proper" or, indeed, with generally educated usage. Orwell once observed that "nearly every Englishman of working-class origin considers it effeminate to pronounce foreign words correctly," and recent research suggests that the tendency continues.

Language change also occurs through outright borrowing: contemporary vernacular Japanese, for instance, has incorporated several thousand English "loan" words—loans that are rarely repaid. There are several varieties of this linguistic transfer. In the Japanese context it is common for English words to be sounded (and in some cases written) in ways that make them more immediately assimilable: *aisu kurimu* (ice cream), or *apato* (apartment), or *koin randori* (coin laundry). These are only somewhat stronger instances of the common practice of giving foreign borrowings a native-like pronunciation: to pronounce *pullover* in French as "poolovaire," or to make the French *garage* sound like "garridge" in English. In other types of transfer, however, original (or near-original) pronunciations are retained: for example, most English uses of terms like *raison d'être* or *savoir faire*, or, in anglophone Québec, the adoption of *dépanneur* (corner shop). Social-class marking can often be observed here, too: recall Orwell's observation about resistance to foreign pronunciation, on the one hand, and think of wine-and-food snobs on the other. (There are also "within-language" snobs. Hyacinth Bucket, in the popular BBC series *Keeping up Appearances*, insisted that her surname was pronounced *Bouquet*.)

A less well-known form of borrowing involves translations of loan words, such that *calques* (lit., "copies") are produced: the English "skyscraper" becomes *wolkenkratzer* (lit., cloud scraper) in German or *gratte-ciel* (lit., sky scraper) in French; the French *marché aux puces* is taken into English as "flea market." And finally, there are cross-language borrowings that are no longer recognized as such: *alcohol* and *algebra* have come into English from Arabic; *gazette* was originally the name of a Venetian coin; *punch* derives from a Sanskrit word via Hindi meaning "five" (because the traditional drink recipe called for five ingredients: alcohol, water or milk, sugar, spice, and lemon).

A more personal sort of borrowing is conversational "code-switching," a phenomenon that can occur within or across languages. Variations of style, register, jargon, and slang are available within a language, and speakers may make choices according to their sense of the setting. Our words, phrases, and intonations will alter according to those present, to our desire to create or negate certain impressions, to our assessment of the desired level of formality, and so on. Across languages, code-switching is often more striking. One scholar wrote a paper titled "Sometimes I'll start a sentence in English *y terminó en español*."

Using words or terms from different languages in the same sentence or utterance has often been seen unfavorably, even by those who switch themselves: terms like Japlish, Franglais, and Spanglish are evidence here. Prejudice aside, however, it is hard to see that being able to draw upon double or triple pools of possibility—choosing the most apt or nuanced meaning, using a word from a second or third language to indicate particular emphasis or intimacy—is anything other than an expanded and useful capability.

Change: why and how?

There are still many things that are unclear about language variation and change, but questions of where it starts, and why, are central. Even minor alterations in words, sounds, and grammar can interfere with understanding, thus hindering communication. Some of the possible underpinnings of change have already been mentioned: contact between languages and communities is often key, particularly when one society is more dominant or more prestigious than another. On the other hand, isolation and lack of mobility can also bring about divergence; think again of the eventual fracturing of vulgar Latin. Needs change, too, making their impact felt particularly at the level of vocabulary.

In the broadest sense, the dynamics of group identity remain at center stage. Different languages mark communities or cultures or subcultures that wish to maintain some distinctiveness. Where groups share a language, distinctions are found at the dialectal level: Austrians are not Germans, Bolivians are not Spaniards, the Irish are not English. The sort of variation discussed in this chapter may represent part of ever-renewing processes of boundary marking. Change is sometimes ephemeral, and it may reflect unrealistic social and linguistic aspirations—but it may also be part of enduring changes in group identities. As Jack Chambers observed, "the underlying cause of sociolinguistic differences . . . is the human instinct to establish and maintain social identity."

Chapter 3
Perceptions of language

Attitudes are central to conceptions of identity: they reflect it and they help sustain it. Perceptions can often be deduced from behavior, but the relationship is not airtight. As well, assessing attitudes in a more focused way, or using them as part of decision-making processes is often important. Even if it does not correlate with action in neat ways, the assessment of attitudes can still be valuable. Disparities between people's attitudes (or reported attitudes) and their behaviors can sometimes be of particular interest. Since language characteristics often figure largely in our social and psychological perceptions, it is not surprising that attitudes and beliefs have been central to studies in the social life of language. Even though most of us would not venture an opinion on the state of string theory in physics, for example, few of us are without opinions about language. These opinions may be "amateur" views of language, but they often have immediate consequences in everyday life, regardless of their accuracy or sensitivity.

Strictly speaking, attitudes include cognitive, affective, and behavioral elements: that is, beliefs, emotions, and dispositions to act. There is often confusion between attitudes and beliefs, though, and this is not solely a popular misconception or inaccuracy. Many scholarly studies built upon responses to questionnaires or interviews claim to be reporting on attitudes when, in fact, they are only tapping beliefs. Yes-no answers to questions like "Is a knowledge of German important to you?" indicate only belief. Equating a yes with a favorable attitude might be incorrect, since such an answer *may* be based upon a grudging acceptance of the importance of German, which is, however, unaccompanied by much positive affect. An *attitude* measure here would clearly require further probing.

Beyond direct interviews, questionnaires, rating scales, and other pencil-and-paper methods, there are more indirect ways to assess reactions to language—that is to say, to speakers of particular varieties. For example, some studies have presented listeners with speakers of different language varieties, asking them for their evaluations along personality dimensions of interest: intelligence, humor, reliability, and so on. Other work has examined how listeners react to *supposedly* different speakers (reading the same neutral passage of prose, for instance, without variations of tone or emphasis). This "matched-guise" approach typically involves speakers who can create authentic versions of different accents or dialects. In a study conducted in Dublin, an actor from the Abbey Theatre produced educated middle-class versions of Galway, Cork, Cavan, Dublin, and Donegal accents. Providing the different "guises" are in fact native-like (something usually confirmed in pilot work), and providing the listener-judges don't guess that there is only one speaker (they typically don't), this method allows useful experimental control. Any idiosyncratic speech features that might confound listeners' evaluations of varieties produced by different speakers are obviously held constant here. The only thing that changes across guises is the speech variety.

A fairly consistent finding across many contexts is that speakers of standard dialects or of socially prestigious varieties are perceived in broadly favorable ways: they are seen as more competent and confident than others, and what they say is given greater weight. However, they need not be associated with the friendliness or trustworthiness that nonstandard speakers typically evoke. This surely mirrors real life and reminds us of the attractions of covert prestige.

Research has also shown that language evaluations can be associated with variables such as situation and context, speech rate, pitch, pausing, and intonation. In one set of studies, for instance, the least favorable judgments occurred when nonstandard accent, low lexical diversity, and working-class background were the interacting variables. In another study, using taped police interrogations, a speaker with a working-class Birmingham accent was rated significantly more guilty of the white-collar crime of check fraud than was an upper-middle-class speaker; the effect was magnified when the crime was armed robbery.

The bases of attitudinal judgment

Dictionary definitions of dialect and accent have often supported the popular view that nonstandard varieties are less correct than the "received" ones spoken by the socially dominant. But on what basis are evaluative judgments made? There are three broad possibilities, the first of which involves intrinsic linguistic differences. This view has had considerable historical support and remains common at an informal level in virtually all linguistically stratified societies. Nonetheless, scholarly research overwhelmingly rejects this possibility. Powerful evidence here emerged from Labov's work with urban varieties of African American English (AAE), sometimes referred to as "Ebonics." Coined in 1973 at a meeting of black scholars, this controversial term soon took on negative connotations—especially in the popular media—but it has since gained some favor within parts of the black community itself. AAE made an excellent test case since it had long been seen as a particularly deformed and unsystematic approximation to "good" English, and because its speakers were victims of a prejudice that went well beyond language alone. If it could be shown that AAE was not, after all, some debased variety, this would go some way toward establishing linguistic integrity for all dialect varieties.

Labov's work reinforced what casual observers had known for quite a long time: the vernacular black community is verbally rich, and, like "oral" cultures around the world, it supports and rewards those who are particularly linguistically gifted. Labov then demonstrated in clear and simple ways the grammatically rule-governed nature of AAE. As with all dialects, there are some variations. For instance, where standard English allows contraction of the copula verb ("He is going to work" can become "He's going to work"), AAE allows its deletion ("He going to work"—or, to include the most likely verb ending in this context, "He goin' to work"). This is a regular and not a random feature. Similarly, where standard English *does not* allow contraction ("He was going to work" cannot be simplified to "He's going to work"), AAE doesn't permit deletion. The reason is clear and has to do with avoiding confusion and ambiguity where past and present action is involved. But regularly allowing deletion in one variant, where contraction is the norm in the other, is simply to employ a different rule.

The reasonable extrapolation from such a useful test case is that *no* dialects are substandard, but some *are* nonstandard. If one variety is the standard in a particular context—spoken by educated people, used in writing—it logically follows that all other dialects must be nonstandard. This latter term is not pejorative in any technical linguistic sense. Neither AAE nor, by extension, any other nonstandard dialect can be characterized as some inaccurate and irregular poor cousin.

While nonstandard dialects are grammatically valid systems and not (at least, not in scholars' eyes and ears) deficient, some are perceived as more aesthetically appealing. Favorable attitudes *might* be reactions to varieties that are intrinsically more mellifluous. On the other hand, attractiveness might simply be a matter of personal preference: I find Italian the most beautiful language; you plump for Cantonese. In the 1930s, some scholars argued that RP was the "most pleasing and sonorous form" of English and, indeed, among the "most subtle and most beautiful of all expressions of the human spirit." Newspaper letters today reveal that many still feel the same way. A Canadian journalist's remarks—to the effect that dialect differences are just that—elicited strong responses from readers who felt that Canadian English should recall its superior British roots and resist the tide of American "slang." These are but contemporary examples of perceptions of linguistic strength, beauty, and expressivity that go back at least to Roman rhetoricians and grammarians like Quintilian and Priscian, and whose existence has remained strong throughout history. It is entirely understandable that some varieties have always been considered more honeyed than others, but is there any basis in fact for euphonic superiority?

It seems not. Modern study has compared the long-standing "inherent value" hypothesis here with one that suggests that all aesthetic judgments rest upon "imposed norms": certain varieties are heard as pleasant and cultured because of the status of their speakers. When English listeners who knew no Greek evaluated Athenian and Cretan varieties, no uniform aesthetic differences were detected; if anything, there was a tendency to hear the latter as more pleasant than the former. Of course, within the Greek speech community itself, the dialect of the capital is regularly judged as the most attractive. The implication is clear. When listeners are unaware of the powerful social connotations of dialects, when they are aware of nothing except the *sounds*, the aesthetic argument collapses. When the language *qua* language is all Greek to them . . .

Anyone who watches a film in which a woman dressed as a duchess speaks with a working-class accent can appreciate the point here. Nonnative speakers in the audience with a good understanding of English, but not of dialect and class variation, could well miss a great deal of the comedic effect. The norms that produce that effect are "imposed" by community members in the know, and the stereotypes that link beauty, or harshness, or humor to a particular set of sounds are unavailable to others.

While listeners may *believe* that some varieties are grammatically or aesthetically superior to others, the evidence summarized here suggests otherwise. Once these two possibilities have been eliminated, the third and firmest basis of attitudinal evaluation emerges. The variant assessments found in the social laboratory and on the street reflect, above all, listeners' perceptions of the *speakers* of given varieties. The variety itself is a trigger or stimulus that evokes attitudes (or prejudices or stereotypes) about the community to which the speaker is thought to belong. It is useful to know this and to realize that there are no intrinsic grounds that elevate one variety over another, and to understand that social convention is the driving force here. Dialect difference and not relative deficiency is the issue. Equally, however, it is clear that society and not scholarship dictates here, that convention has always translated difference into deficit, and that social attitudes and stereotypes will not soon surrender to enlightened judgment.

Attitudes and alterations

It is hardly surprising that speakers of less prestigious nonstandard varieties come to feel the power of social convention, attitude, and prejudice—and, more than that, come to believe that it must in fact rest upon what is right and proper. Sociolinguists have thus described a "minority-group reaction" in which the codes, postures, and practices of the dominant become accepted and normative among the less dominant, even where they may coexist with class or group resentment. The linguist Michael Halliday wrote that "a speaker who is made ashamed of his own language habits suffers a basic injury as a human being," an assessment that is surely more poignant because the injury does not, as many continue to think, occur because of any substantive deficiencies.

Given the sturdiness of social prejudice and stereotype, the continued existence of low-status speech varieties might at first seem odd. If they are generally considered inferior, wouldn't more speakers try to eradicate them? And wouldn't shifting away from a language or, more likely, a dialect be a more popular option? There is ample evidence that such shifting is not an unattainable goal, and the ubiquity of the broadcast media today means that virtually everybody has at least a passive awareness of nonmaternal varieties. Indeed, some people *do* change, either completely replacing one variety with another, or expanding their linguistic repertoire to accommodate the requirements of different social contexts, thus becoming bilingual or bidialectal. So adaptations are possible.

These transitions are not without problems, however, and two come immediately to mind. First, it is no light matter to attempt alterations that will set you apart from members of your group: some severing of important ties may occur; you may be seen as a sort of pariah, resented or ostracized. Second, you must also hope that transitions come off successfully: falling between linguistic or cultural stools means risking social marginalization. Even relative success is tricky, particularly if you want to go home again. Mexican Americans who have "migrated" to English have been labeled *vendidos*, "sell-outs"; the same epithet has been applied to French Canadians, too: *vendus*. So, there are practical difficulties here, and this is even assuming that no other group markers (skin color, for instance) exist to hamper mobility.

The group-solidarity function of *any* variety can be compelling. A language variety of low social status may be a hindrance—a particularly unfair hindrance—but it is the variety of one's immediate group. The language of home and hearth, of first expression, of intimacy, is not abandoned or altered on a whim.

All varieties are capable of reflecting and sustaining bonds of the greatest significance, and language is clearly a potent support of personal group identity. It is true that identity can survive language shift, but it seems obvious that the expansion of linguistic repertoires, especially at the level of dialect, is an altogether more satisfactory adaptation than outright replacement. The implication is that, powerful social attitudes notwithstanding, language varieties of low prestige are unlikely to disappear. (And a good thing, too: they add their own particular flavor and value to the larger linguistic picture. All languages would be the poorer without the breadth of nuance found across the entire spectrum of class and regional variation.)

Studies of the perception of language varieties have taken into account many more variables than those described here. Over the last half-century, the use of a wide range of attitudinal (or belief) measures has produced a sizable literature. It is possible to predict with some confidence how people will react when they hear all sorts of dialect varieties, to understand why nonstandard speech can seem attractive to some middle-class speakers, to accept bilingual and bidialectal accommodations as entirely reasonable, and to assess reactions to the language of nonnative speakers. At a general level then, evaluative responses can be predicted quite well, as can the triggering of attitudes—often stereotypical ones—by variations in language and speech. The relationship between language and identity is not a mystery.

This sort of work has not gone very much beyond fairly gross explanations: it has done little to correlate speech evaluations with particular speech markers. Although hundreds of experiments have revealed negative reactions toward AAE, there is little formal information about the "triggering" role of particular pronunciation patterns, grammatical constructions, and vocabulary. On the other hand, more directly linguistic investigations *have* looked at features that characterize and differentiate language varieties: dialectal matters having to do with pronunciation (e.g., the nasality habitually associated with RP, or the presence or absence of postvocalic "r"); with grammar (deletion of the verb "to be" in African American English, or the use of double negatives); and, of course, with lexicon (I say *kerosene* and *gasoline*, you say *paraffin* and *petrol*).

Linguists have not been closely interested in relating such variations to differences in social ratings or have simply assumed that the more obvious and salient linguistic markers are the triggers for differentiated ratings. Their more socially minded colleagues, too, have generally been content to consider things

Box C
Copula deletion and double negatives

The now well-understood copula-deletion found in the Black English community is found among others, too. Many (white) people will have heard a policeman asking them, "That your car?"

Concerning double negatives: the Mrs. Grundys of the anglophone world have always told their pupils that it is logically incorrect to say something like "I don't have no bananas." The reasoning has as its first authority the eighteenth-century linguists Robert Lowth and Lindley Murray; they both argued that "two negatives in English destroy one another, or are equivalent to an affirmative." Contemporary Mrs. Grundys are making no allowance, of course, for the many dialects of English (Black English among them) in which the double-negative construction is a regular feature. The more enlightened would acknowledge, perhaps, that in some other *languages*, two negative markers do not turn verbs on their head: the French "ne . . . pas" construction is not a self-cancelling one. Discussing all this in class one day, a lecturer added that "There is, of course, no language in which a double positive makes a negative." Comes a sardonic voice from the back of the room, "Yeah! Right!"

at the "macro" level, and to accept that describing perceptions evoked by identifiable speech patterns is sufficient: I hear someone speak, I realize the person is from Texas (or Tyneside), and a connected and predictable set of reactions follow. While there have been some notable exceptions in both the linguistic and the social camps, it is obvious that more bridging efforts could refine and particularize our knowledge of how *specific* aspects of speech elicit *specific* types of evaluative assessments. One might think that beyond specialized academic interest there is little need for such fine-grained knowledge. After all, most of the stimuli are embedded in a host of class or ethnic markers, and stereotypic reactions are gross and general by definition. Even very limited stimuli can evoke quite marked reactions, however.

Some have suggested that the whole focus on language attitudes is broadly misplaced, on the grounds that necessity, real or perceived, typically overpowers attitude in real-life settings. It is certainly the case that most historical changes in language use owe much more to socioeconomic and political pressures than they do to attitudes per se. But perhaps attitudes of a sort *are* important in large-scale linguistic dynamics, in the shift that moves a group from one language to another. A mid-nineteenth-century Irishman may have hated English and what it represented, while still acknowledging the pragmatic value of the language. Perhaps a useful distinction might be drawn between *positive* and *favorable* attitudes. Perhaps Irish attitudes toward learning English were positive in an instrumental sense but not necessarily favorable or "integrative"—a term that refers to aspirations that go beyond language-as-tool, perhaps to wholehearted desires to join another culture.

There is an interesting educational aspect here, too. While a common criticism of language classrooms is that they often remain detached from any real-world nexus of language and culture, attitudes might in fact assume particular importance in such settings. That is, where a context is *not* perceived to be immediately pertinent to (or reflective of) current concerns—where, for example, classroom French is not studied for practical or instrumental reasons—attitudes may make a real difference. In some circumstances, then, the importance of favorable attitudes may vary inversely with linguistic necessity.

An important and burgeoning literature, one that rests upon attitudes and perceptions, has to do with the accommodations made by speakers in different contexts and with different intentions. Adaptations can take many forms, but, whether operating at or below the level of conscious awareness, the fundamental feature is the modification of speech patterns to converge with or diverge from those of others. Accommodation can reflect individual concerns, such as wanting to sound more like the boss or departing from the usage of someone you dislike. It can also highlight group concerns: one may wish to stress "in-group" membership or to solidify an ethnic or class boundary. Work in this "psychology of dialogue" can be seen as a general manifestation of the more recent and more detailed interest in conversation and discourse analysis.

Discourse analysis

With the study of conversation and discourse, as well as with ever-closer text analysis, an important focus on more fine-grained language matters has emerged in recent decades. The obvious link to perceptions and attitudes arises here because of the central thrust in all such work—the production and interpretation of social meaning. And this, in turn, almost immediately highlights variations in speaker status and power. Whether formal or informal, conscious or not, the manipulation of language in all "speech acts" emerges from attitudinal bases and provokes specific perceptions in the ears of listeners or the eyes of readers. One commentator refers to such study, in its "critical" clothing, as "discourse analysis with attitude." *All* such study, of course, has attitude.

The sociologist Harold Garfinkel's "ethnomethodology" aimed to elucidate the detailed ways in which we produce social meanings: How do we define ourselves? How do we understand and influence the many situations in which we find ourselves? How do we construe our relations with others? In its broadest sense—and ethnomethodology is nothing if not broad—the term suggests a sociology that makes room for contextually rich, even phenomenological, approaches and interpretations. As a linguistic arm of ethnomethodology, "conversation analysis" was an obvious necessity. Indeed, nothing is more central to the understanding of human social interaction than language.

Conversation analysis is all about how talk works: it attends principally to such matters as the initiation and termination of interchanges, the rules and practices governing turn-taking, interruptions and interjections, the appropriate sequencing of argument, the perils of miscommunication and their rectification, and the appropriateness of topics and styles of discussion. Embracing but going beyond investigations of naturally occurring speech, the more expansive discourse analysis concerns itself with context and, above all with the power relationships that stand behind and emerge within all linguistic events, spoken or written. Discourse analysis has given much attention, then, to political language and to other social arenas (law, medicine, education, media, and popular culture) in which language and status differences figure importantly. In what can be called a linguistic ethnography, "language and the social world are mutually shaping" and close attention to "situated language use" is therefore called for. While not exactly novel ideas, these are nevertheless welcome observations, given the regrettable gaps within and among psychology, sociology, and linguistics.

Triangulated approaches to language use recommend themselves in many settings. In classrooms, for instance, closer analysis of teacher-pupil interactions, and greater awareness of cross-cultural and cross-dialectal differences can be very useful. Recent Canadian work has shown that teachers typically dominate the "linguistic space" in the classroom to an overwhelming degree and, of the small portion available to the pupils, boys often claim the lion's share: one study found the ratio of girls' to boys' verbal contributions to be on the order of 1:10. Earlier studies revealed that American Indian children often fell foul of their teachers, who viewed their reluctance to speak in class as reflections of sullenness or shyness, who often felt that the cultures from which they came were deficient, who sometimes even associated taciturnity with cognitive backwardness. These are all quite unwarranted conclusions, arising from inadequate understanding of differing cultural injunctions that bear upon speech in public, in front of peers, and when confronted with authority figures.

Problems with discourse analysis and its associated fields

Ethnomethodological inquiry is theoretically so broad in its remit that any disciplinary precision is essentially unattainable. Perhaps because of this, ethnomethodology and allied undertakings became more like sects or cliques, closed systems in which members talk to other members, where insights exist that are denied to outsiders (as Lewis Coser put it in his 1975 presidential address to the American Sociological Association). A reviewer of Garfinkel's "seminal" text succinctly observed that ethnomethodology involved "an extraordinarily high ratio of reading time to information transfer."

Similarly, discourse analysis and the many "critical" sub-areas with which it is often associated have become increasingly narrow or inward-looking. An important example here is provided by "critical discourse analysis," the main interests of which lie in "political discourse, media, advertisement, ideology, racism [and] institutional discourse." Clearly positioning itself to be timely and relevant, this analysis is not an ideologically neutral enterprise and is, indeed, "upfront about its own, explicitly left-wing, political commitment." It is "discourse analysis with attitude." There are dangers, of course, when relatively disinterested work is mixed with special pleading. Henry Widdowson points to specific difficulties when he writes that critical discourse analysis often departs from "the conventions of rationality, logical consistency, empirical substantiation and so on."

An intrinsic difficulty with discourse analysis has to do with the selection of particular speech and language samples from larger ongoing "interactions": there is an infinity of choice here. As contemporary journal articles abundantly illustrate, choices are frequently made without any compelling justification, raising questions of "representativeness, selectivity, partiality, prejudice, and voice." One of the consequences would seem to be a potentially endless series of fact-gathering exercises.

Observers have also noted the difficulties in a field where the explanations can be so much more detailed (and take up so much more space) than the phenomena under study. An egregious example is found in a study that devoted more than six hundred pages to an analysis of a committee's evaluation of a doctoral dissertation. The actual transcript analyzed was less than three hundred lines of text, representing about ten minutes of conversation among four examiners. This study is clearly a great improvement on Borges's famous map of the world on a scale of 1:1: here there is the potential for a map of the sociolinguistic world many times larger than the actual world itself. Even so, the author of the study later admitted that neither a "comprehensive discourse analysis" nor a "unified theory of sociolinguistic description" was produced, and even suggested that such an analysis was a chimera. Finally, a reviewer acknowledged (how could he not?) that the study had shown how much can be derived from so little—but ended with the comment that "for students of spoken interaction, such an experience confirms what is already known." *Parturiunt montes; nascetur ridiculus mus*—mountainous labor gives birth to a silly little mouse.

The general area has also become a volatile one with much internal wrangling, an instance, perhaps, of the dictum that academic infighting is so vicious because the stakes are so low. Unsurprisingly, there is much jargon while, at the same time, the work often alternates between the obvious and the impenetrable. Lewis Coser has also remarked on the curious tendency (not limited to ethnomethodologists) for those professionally interested in language and communication to be such poor communicators themselves. Meant to overturn sterile social-scientific empiricism and narrow positivism, discourse analysis and its offshoots have increasingly become introverted and isolated enterprises. Like a game of chess (but more elaborate, in that there are infinite possibilities for redefinition and realignment of the rules), they are fascinating to their players but usually quite divorced from the social reality that should be both their base and the recipient of their insights.

In various guises and emphases, discourse analysis remains popular in many circles. It has done its practitioners some considerable good, at least within the inbred confines that they increasingly inhabit, but without creating breakthroughs of any significance for the intended beneficiaries. Most of the work, of most social scientists, most of the time, makes very little direct contribution toward the societies within which it operates, of course. But we should be particularly careful when considering areas whose very existence is based upon the desire to produce applicable results, whose findings are generally gathered "in the field"—but whose sense of that field is restricted, and whose production of jargon and neologism increases at a geometric pace. Good and useful language analysis has been done under a number of headings, and more is doubtless to come. There is some promise, but at the moment the area is essentially an incestuous preserve of little applied value.

Chapter 4
Protecting language

Like most enquiries, scientific or informal, interest in the language-and-society relationship has typically involved comparison and categorization; these often lead to assessments of quality. Although "purism" and "prescriptivism" are terms suggesting judgmental stances that are no longer seen as correct in many quarters, they still enjoy vigorous life in others. While not all linguistic purism is silly and not all prescriptivism unnecessary, the contemporary scholarly distaste for prescriptivism must be acknowledged. This distaste is partly based upon the entirely fallacious notion that to study something is to endorse it; it also ignores a mundane prescriptivism to which we all attend.

Roughly speaking, linguistic *prescriptivism* reflects the idea that language standards must be maintained and that unwanted influences are to be resisted. (*Purism* is the term sometimes preferred where undesirable *foreign* influence is concerned.) In the European context, important prescriptivist impulses were a consequence of the decline of Latin and the ascent of European national languages. With the latter came the association between cultural and linguistic specificity, and from this there inexorably emerged the desire to preserve and protect what was increasingly seen as an important boundary marker. Contemporary manifestations include francophone attempts to keep English at bay, worries about language "decline," complaints about the rising tide of slang, and concerns for "correctness."

Linguistic prescriptivism has traditionally figured importantly in the work of academicians and lexicographers charged with linguistic regularization of one sort or another. A standardizing language, especially in the age of print, requires some "normalization," but this means making choices that will strengthen some dialects and weaken others—part of the process that separates standard from nonstandard dialects. Furthermore, there have always been questions about the *extent* of prescriptivism, coupled with a sense that, ultimately, "ordinary" usage will prevail.

Formal prescriptivist interventions typically arose to deal with the need for language regularization created by technological advance, increasing literacy, and swelling conceptions of national solidarity. Consider William Caxton, who had to make a selection from varying English dialects because of the imperatives of printing. In his prologue to *Eneydos*—a version of the *Aeneid*—published in 1490, he muses on change:

> And certaynly our language now vsed varyeth ferre from that whiche was vsed and spoken when I was borne . . . and that comyn englysshe that is spoken in one shyre varyeth from a nother . . . it is harde to playse euery man by cause of dyuersite and chaunge of langage.

In his *Ars Poetica*, Horace encouraged careful and direct writing, and the avoidance of purple prose, suggesting that words come and go as ordinary usage dictates. Just over a century later, Quintilian wrote in his *Institutio Oratoria* (ca. 100 CE) that linguistic correctness was ultimately linked to public usage. He seemed, then, to agree with Horace, advocating linguistic *descriptivism* rather than prescriptivism or purism. However, like many similar commentators since then, Quintilian had a rather limited public in mind: he meant the *educated* public, not the masses whose language was full of "barbarisms" (a Greek word, incidentally, signifying stammering). Fifteen centuries later, the French grammatician Vaugelas grudgingly accepted that popular usage ultimately reigns; he noted, however, that only the best representatives of the aristocracy and the authors of the day should be standard-setters.

In practice, the reasonable requirement of accepted standards was ever intertwined with notions of correctness, implying the necessity of educated choice. The work of national language academies and councils has always been dominant here, and the Académie française is the single best example: in 1635, Cardinal Richelieu gave it "absolute power . . . over literature and language." There are always forty members of the academy—predominantly writers and other scholars—whose job it is to oversee and regulate the development and the integrity of French. As with similar bodies elsewhere, their efforts have not always been very successful, either in their grammatical and lexical productions or, more specifically, in their attempts to intervene in the dynamics of language use. But this hardly detracts from their importance as manifestations of will and intent, nor does it vitiate their sociological and political role as protectors of group identity. Whether self-appointed or recipients of royal accolade, the protectionist impulses of academicians have usually been able to rely upon broad popular support (if not understanding).

The sentiments of language conservatives are generally widely endorsed, remain potent in the general imagination, and account for the numerous style manuals, language handbooks, vade mecums, and, of course, the frequent eruptions in the popular press. While often railing against unwanted foreign incursions, many historical guides to "correct" grammar, vocabulary, and usage focused upon provincialisms, generally seen as threats to linguistic unity and hindrances to standardized practice. In eighteenth-century France, for example, the vernaculars of

4. The Académie française is the oldest of the five bodies making up the Institut de France. The view here is from the pedestrian bridge that links the Institut and the Louvre.

Gascony, Flanders, and Provence came in for the greatest censure. The broad and unflagging popularity of language handbooks in the anglophone world is demonstrated not only by their numbers but also by the variations of depth that they have offered: the serious undertakings of Henry Fowler, Ernest Gowers, Robert Burchfield, and others have been matched in our own time by the altogether lighter and more personal treatments of Kingsley Amis, Simon Winchester, Bill Bryson, and Jean Aitchison. They all, it seems, have linguistic axes to grind.

Influential writers and public figures have long written about linguistic decline and decay, identified the chief malefactors, and suggested what ought to be done: there has never been a shortage of "amateur do-gooding missionaries." But not every critic has been animated by religious zeal. George Orwell's several essays on language come to mind, but there are many other thoughtful discussions—not narrow woe-is-me treatments of rot and ruin but more measured criticism of deliberate or ignorant misuse, of unnecessary neologism, of jargon and propaganda.

At more rarefied levels, prescriptivism has become a four-letter word, with scholars arguing that it is neither desirable nor feasible to attempt to intervene in the "natural" life of language. A deliberate renunciation of prescriptivism is more like atheism than agnosticism: a conscious nonbelief is, itself, a belief, and a refusal to intervene is essentially prescriptivism in reverse. In any event, in their rush away from prescriptivism, linguists may have abdicated a useful role as arbiters and may have left much of the field open to those styled as "language shamans" by Dwight Bolinger, one of the few linguists who was willing to write about the "public life" of language. Bolinger rightly criticized the obvious crank elements, but he also understood the desire, however ill-informed, for authoritative standards.

Prescriptivism and planning

In his 1712 *Proposal for Correcting, Improving and Ascertaining the English Tongue*, Jonathan Swift rebelled against the "infusion of enthusiastick jargon," against the corrupting "licentiousness" of the Restoration. He called for "eminent persons" to form a society, perhaps along the lines of the Académie française. Opinions for and against a prescriptivist institution continued (and are still expressed today), but no government-sponsored English-language academy has ever appeared—not in England, not in America, not in any other anglophone country. (An English academy *was* established in South Africa in 1961, but it lacks an official imprimatur.) This is an anomaly in a world where the great majority of countries (and often regions) have language-planning bodies. There are at least one hundred such institutions currently in existence, and several have important subcategories, such as the eight or nine Arabic academies or the twenty or so Spanish-language bodies.

Anglophones on each side of the Atlantic did not dismiss the needs and the pleas for standards. Rejecting the academy approach that was so common throughout Europe and beyond—and perhaps *because* it was so common elsewhere—both Britain and America opted for one-man institutions. In England, Samuel Johnson's great dictionary appeared in 1755. Earlier, Johnson had adopted a "purifying" posture, but he became more descriptivist (if sometimes grudgingly so), rejecting any attempt at "embalming" a language and implying that attempts to arrest linguistic change were ill-advised.

Inheriting the British linguistic tradition meant that the newly independent United States also inherited an ambivalent attitude toward prescriptivism. While some—most notably John Adams—argued for a formal institution to stem linguistic "degeneration," a proposition generally felt to reveal elite or monarchist sympathies was unlikely to attract much support. Hence the American one-man academy in the form of Noah Webster, whose dictionary was published in 1828. Like Johnson, he saw that the "force of common usage" was not to be resisted. And, like Johnson, he also hoped to discourage "improprieties and vulgarisms," as well as the "odious distinctions of provincial dialects." Unlike Johnson, however, Webster believed that his work could divide as well as unify, the division here being that between English and American usage: national identity again. In his lexicography, Webster wanted to take a shared language and give it some distinctive American clothing. Some of his innovations took root: *color* for *colour*, *center* for *centre*, *traveling* for *travelling*, and so on; other suggestions fared less well (*tung* and *thum*, for example). He also made careful room in his dictionary for native words (*skunk*, *moose*, *succotash*).

The work of lexicographers, then and now, clearly illustrates an ongoing tension between descriptivism and prescriptivism. Even the most "inclusive" treatments, even the most widely cast of linguistic nets, must involve choice. Beyond standardization and normalization, the efforts of individuals and committees have also always been in the service of national solidarity. As Bishop Thomas Wilson wrote in 1724, "a good language . . . is both an Honour and of great Use to a Nation," thereby endorsing language as both instrument and symbol. Webster looked forward to an eventual linguistic schism, on the grounds that a country that had broken free from its origins ought to have its own language. Johnson's rather muscular sense of English national pride appeared once more in James Murray's nineteenth-century *Oxford English Dictionary*. The linguist Max Müller saw it as a patriotic endeavor engaging the "national honour" of England.

Considering the linguistically standardizing aspects of the great English dictionaries, but also bearing in mind the importance of the relationship between language and group identity, it is clear that the current global scope of English has complicated matters in interesting ways. In a world of "Englishes," with many regional varieties and local standards, perceptions of the "ownership" of English are rapidly changing. The bedrock authority of the old native speakers in England and, later, in America remained unquestioned for a long time, but now the presence of millions of newer native speakers, mainly in countries of what was the British Empire—as well as those millions more who have added English to their language repertoires—means that contemporary prescriptivist intentions, needs, and interventions have become multifaceted.

In earlier times, scholars were the prescriptivists, but it is now the man or woman in the street (or in the newspaper) who is likely to rail against change, unwanted influence, and degeneration, to cry out for correctness, authority, and the maintenance of standards. Prescriptivist stances are not wholly foreign to the contemporary scholarly community, however, since issues of language "management" remain important. All of the many and varied undertakings of language planners are necessarily prescriptivist to some degree, since all presuppose intentions and desired outcomes. Whether it is constructing new or revised orthographies, choosing among dialects, or implementing spelling reform, all planning is inevitably colored by ideological imperatives. There are disinterested theories of language planning, to be sure, but application immediately involves opinion and preference, and what appears as desirable progress to some may be persecution to others. Some of the most dramatic instances are those in which the demands of identity are allowed to trump communicative practicality, such as in the case of Serbo-Croatian.

A final point here: any desire to intervene in behalf of endangered languages—a desire that has now become attractive to many within and without the academy—implies a willingness to engage in prescriptivist exercises. This is an interesting conundrum for those whose liberal impulses generally embrace both a concern for the "small," the "authentic," and the "threatened," and a dislike of "interfering" in other cultures.

Prescriptivism did not, could not, and ought not to have come to an end with the advent of modern linguistic insight. Some exercises in what Deborah Cameron calls "verbal hygiene" may be decried, but certainly not all of them. On the one hand, prescriptivism and purism based upon narrow and often unfair conceptions of social inclusion and exclusion; on the other, justifiable planning in behalf of broadly desirable normalization. The tension here is a permanent one.

In short, all language planning is prescriptive; while some is indefensibly narrow and partisan, that which occurs under most scholarly auspices is more justifiable. It can take a number of important forms. Determining which variety will be given some sort of official or national standing reflects outright language choice. Language standardization (for the emerging national European varieties, for instance) may be required. Writing systems may have to be developed, grammars may require regularization, vocabularies may need expansion and modernization. These activities have been formalized in the literature as language selection, codification, implementation, and elaboration; the first two comprise "status planning," the latter two "corpus planning." The purely linguistic aspects (codification and elaboration) are less central than the social ones (selection and implementation). Academic language planners essentially engage in technical activities and, while these obviously involve real expertise, they typically occur *after* the central decisions have been taken by others: the politicians and administrators, the captains and the kings. Although he was talking about rationalizing language borders in particular, the words of Elie Kedourie—the famous scholar of nationalism—are broadly applicable here. He wrote that it is "absurd to think that professors of linguistics and collectors of folklore can do the work of statesmen and soldiers. What does happen is that academic enquiries are used by conflicting interests to bolster up their claims, and their results prevail only to the extent that somebody has the power to make them prevail."

The ecology of language

Current interest in the "ecology of language" is a specific development under the broad rubric of "language planning." Meaningful treatments of the social life of language have always attended to the necessary contextualization, and careful scholars were always ecologically minded *avant la lettre*. Despite the breadth implied in the term, contemporary work under the ecological heading has often become a narrowed planning variant that focuses upon the threats to endangered languages. This is not to suggest that all modern work in language planning now takes place under this particular heading, but the "new" ecology of language does seem to be increasingly attractive. It thus makes for a useful object lesson, one that touches upon many important strands, reveals several serious shortcomings, and should be of interest to general readers and students alike.

When the subdiscipline was first popularized in the 1970s, language ecology had a breadth of vision meant to embrace *all* linkages among languages and their environments, and to counter any tendencies to think about language in isolated or stand-alone fashion. Its scope has, however, progressively shrunk. Now a growing segment of the literature concerns itself chiefly with the maintenance of linguistic diversity, which is seen as an unalloyed good, to be defended wherever it seems to falter. While a truly ecological perspective would take into account all sorts of relationships and outcomes, from ruddy linguistic health all the way to extinction, the modern variant now argues for a kinder, gentler nexus. As the ecolinguist Peter Mühlhäusler recently noted, "functioning ecologies are nowadays characterized by predominantly mutually beneficial links and only to a small degree by competitive relationships." This seems an unwarranted limitation since, like all others, linguistic environments are often harsh or indifferent. Big and small languages, for instance, often have a less than pacific relationship, one that recalls to mind Woody Allen's reworking of a passage from Isaiah: "the lion and the calf shall lie down together, but the calf won't get much sleep."

A preference for diversity, linguistic and otherwise, is common; indeed, it is difficult to imagine that any educated perspective would vote for monotony over color, for sameness over variety. This does not imply that the idea that linguistic diversity is always a good and valuable thing must never be questioned. Nor should scholars shy away from full and dispassionate consideration of the conditions necessary for diversity to thrive. One might be more indulgent toward the limitations of the formal shortcomings of the contemporary ecology of language if it expanded earlier insights and suggested novel ways to maintain at-risk languages. In fact, these shortcomings serve only to highlight difficulties that have been quite well understood for some time. Archival embalming apart, most can be summarized by observing that the maintenance of languages involves much more than language alone. Acknowledgment of this suggests the scope of the difficulties commonly encountered.

"Language loss" is something of a misnomer. Although varieties have certainly disappeared, their *speakers* never lack communicative skills: during the shift from one medium to another, very few individuals actually say nothing. But the idea of some absolute loss typically underpins arguments in support of the maintenance of diversity. It is curious to decry the passing of "ancestral cultures, as if cultures were static systems and the emergence of new ones in response to changing ecologies was necessarily maladaptive" (as Salikoko Mufwene recently pointed out). Such a nondynamic point of view is surely ironic from an ecological perspective, and it reflects the mistaken sense that "only one language can best mirror or convey a particular culture."

A recent argument in the language-ecology literature has compared language and biological diversity. Since most would agree that diversity of all stripes can contribute to a richer and more nuanced world, the connection is interesting—at a metaphorical level. If we intervene to save snails and whales, to maintain historic buildings, and to preserve rare literary and cultural artifacts, should we not also attempt to stem language decline and to prevent larger languages from swallowing smaller ones? In fact, some have argued that the connection is more than metaphorical, and that linguistic and biological diversity are *actually* connected. This is a dubious argument. There is, in any event, a practical problem: it is more difficult to save languages than to save species. The preservation of flora and fauna is hard enough, of course but, still, with sufficient will we can exercise a degree of control that, short of dictatorial imposition, is impossible with human cultures and languages.

Those interested in ecolinguistics have often pointed an accusing finger at human actions that have upset previously balanced ecologies. In what sphere, however, has human "interference" *not* altered things? What social spheres could there possibly be *without* such actions? It seems like lamenting the fact that we have two ears. The curiously static quality of much ecological thinking comes to mind here: the implication often seems to be that, once some cultural and linguistic balance is achieved, some wrong righted and some redress made, new arrangements will remain in place forever. Again, this is naive.

Part of the ideological underpinning of language ecology in its contemporary manifestations is a distrust of literacy and education on the grounds that they often undercut the preservation of linguistic diversity. Indeed, scholars sometimes argue that literacy promotion actually works against "linguistic vitality." Just as large languages are villains, so written varieties can push oral ones aside, erasing the traditional knowledge they bear. Literacy is also seen as a sort of Trojan horse, with speakers of endangered languages lulled into a false sense of security once writing arrives. It is true that literacy does not inevitably lead to social or political improvement, but it would surely be dangerous to try and purchase language maintenance at the expense of literacy.

A related suggestion is that formal education is not always the ally of enduring diversity, since it too has intrusive qualities. Not only does formal education champion literacy over orality, it often imposes foreign (read "Western") values and methods upon small cultures. It is not difficult to sympathize with laments about cultural intrusion, but *all* thoroughgoing education is multicultural in nature, expanding local horizons and crossing national and disciplinary boundaries. The difficulties besetting small languages will not be significantly countered by trying to keep the world at bay. Where languages in contact are of unequal clout, education will necessarily provide evidence of disparities. In reasonably democratic settings, it reflects more than it causes.

The modern ecological perspective is a romanticized one. Just as eighteenth-century romanticism was a reaction to the Enlightenment, so there is now a disparagement of the scientific culture and the "privileging" of its knowledge over "folk wisdom." There is a special regard for small cultures and local knowledges, and it takes two forms. The first is a simple and perfectly reasonable desire for the survival of such cultures and systems. The second argues that their conduct and their values are superior to those of larger societies; this view is generally expressed in some muted fashion, but occasionally the mask slips. Thus, Tapani Salminen has argued that "without romanticizing or idealizing the indigenous cultures, it is clear that they are superior to the mass culture because their members retain the capability of living in at least relative harmony with the natural environment." Despite the disclaimer, this *is* romanticism, as is the recent book dedication by Luisa Maffi: "to the world's indigenous and traditional peoples, who hold the key to the inextricable link between [*sic*] language, knowledge and the environment."

A dislike of the contemporary world, a "pronounced anti-globalisation, anti-Western and anti-Cartesian" stance—as Frank Polzenhagen and René Dirven have put it—often forms the background for arguments on behalf of small cultures and stands at the center of a romanticized ecology-of-language model.

Contemporary language ecology often argues that all people have the *right* to maintain and use their native language, and that groups, organizations, and governments have an obligation to respect and encourage the exercise of this right. While it is possible to legislate rights of language expression, it is rather more difficult to legislate rights to be understood, and formal protection of use is rather hollow if, in the public and unofficial areas of life where languages really rise or fall, it has little or no communicative value.

There are deeper issues, too. The most pivotal has to do with whether rights exist at all. Perhaps there are no inherent rights, perhaps there are only assertions—and perhaps what we have come to accept as human rights are assertions that have been widely endorsed and then protected in law. In any event, current emphases upon "language rights" generally remain at the level of assertion, and it is disingenuous to imply that *claims* are sufficient to somehow give such rights the same strength of footing as those now underpinned by criminal or civil codes. To put it another way: while legally protected rights imply moral assertions, the reverse does not necessarily hold. (What is merely desirable today may of course become lawfully codified tomorrow.) Language rights are also typically discussed in relation to groups, and this can sit uneasily with traditional liberal-democratic principles that enshrine rights in individuals. Some political philosophers—including Will Kymlicka, Alan Patten, and Philippe van Parijs—have begun to look more closely at this distinction, but their nuanced inquiries are rarely understood in the language-ecology literature.

In short, much of the current work in the ecology of language reflects a particular sociopolitical ideology, one aimed at the maintenance of linguistic diversity, the encouragement of language learning, and the endorsement of language rights; these are all facets of a resistance to big languages generally and to English specifically. An activist role is implied in Mühlhäusler's argument for scholars to be "shop stewards for linguistic diversity." None of this suggests, of course, that linguists and others must renounce personal opinion and aspiration. None of it suggests that the case for language diversity has no basis. Quite the contrary. It is misleading, though, to present a very specific set of arguments under the very general heading of language ecology. It is also misleading to claim that these arguments are the only ones open to enlightened opinion when they rest, in fact, upon particular perceptions of morality and aesthetic preference.

Chapter 5
Languages great and small

The idea that some languages are better than others has a long history. In his great scientific poem, *De rerum natura* (ca. 55 BCE), Lucretius refers several times to the insufficiencies of Latin, to the difficulties of representing in it the Greek theories and discoveries he wishes to elucidate for his readers, to his sense of being thwarted by the poverty of "our native tongue." He may, indeed, have been at least partly right: one of his contemporary translators observed that, in comparison to the Greeks, the Romans were

> a semi-barbarous people who had displayed unequalled aptitude for the arts of government and war but had so far devoted very little thought to "the nature of the universe." The Latin of Lucretius's day had no accepted philosophic or scientific vocabulary, and his generation had to create one for themselves on the Greek model.

This underpinning of Lucretius's laments is also somewhat wrong, however, and on several counts. First, among the cognoscenti the knowledge of the Greeks was available via the Greek language itself: Greek was the Latin of its day, the scholarly lingua franca. Second, the Latin of Lucretius was not quite so intellectually barren as the translator suggests, nor was it quite the medium of a "semi-barbarous" people. Third, and relatedly, his acknowledgment of the growth of new vocabulary underscores a vital point made earlier (about dialects). While not all varieties are equally developed across their entire range, they are adequate for the existing needs of their speakers. As these needs change—but only then—languages can be expected to change, too: they all have the potential for virtually limitless alteration and expansion.

Most language comparisons have of course pitted one's own superior variety against lesser lights. The sixteenth-century Holy Roman Emperor Charles V thought that Spanish was the only language suitable for discussions about (and with) divinity, and that Italian and French were suitable for ordinary conversations. German was a much cruder medium, however; the emperor said that he spoke it to his horses. Two centuries later, when visiting the royal court in Berlin, Voltaire found a similar linguistic distribution: as in the rest of European high society, French was the prestigious language there; German was "pour les soldats et pour les chevaux" (for soldiers and horses).

In the early seventeenth century, Richard Carew, an English antiquary, wrote that Italian was "pleasant, but without sinews"; French "delicate, but ever nice as a woman"; Spanish "majestical but fulsome"; and Dutch "manlike, but withal very harsh." None could compare to the overall "excellency" of English. And there are the even more familiar remarks of Antoine de Rivarol, in the late eighteenth century. French, he said, was synonymous with clarity of expression and meaning; indeed, "ce qui n'est pas clair n'est pas français"—English and other languages were, however, mediums of ambiguity. George Lemon, a clergyman and a teacher, disdained all others in comparison with "the purity and dignity, and all the high graceful majesty" of eighteenth-century English. In the mid-nineteenth century, the American diplomat and linguist George Marsh wrote that English was "emphatically the language of commerce, of civilisation, of social and religious freedom, of progressive intelligence, and of an active catholic philanthropy." At the same time, Edward Higginson, a cleric who dabbled in philology—as so many reverend gentlemen seemed to do—wrote that "there is not, nor ever was, a language comparable to the English."

These and the great many other similar sentiments are entirely predictable. Group identity requires boundaries, preferably ones to be proud of, and expressions of linguistic exclusivity can buttress them. In and of themselves, these comments are inaccurate and ludicrous, but they are socially revealing. Specifically, they highlight a pride in cultural and linguistic dominance that no doubt seemed imperishable. In many contemporary eyes, the eclipse of English is also hard to imagine: its global penetration is unmatched and its progress relentless. Indeed, it has advantages denied to earlier lingua francas. Historical precedent would have suggested that the decline of British power meant the decline of English, but waiting in the wings was an English-speaking America. And even if others, including the "BRIC" countries (Brazil, Russia, India, and China), are now readying themselves to overtake American dominance, English may find its lease extended once again as the new economies continue to use the language of wider communication to which they have all become so thoroughly accustomed. If so, we could have a historically odd situation in which changes in regional power and prestige might *not* imply changes in existing language fortunes.

English was once a small language. The French that came to England with the Norman Conquest was both an invading language and the marker of status and prestige. Thus, in the thirteenth century, Robert of Gloucester observed that "vor bote a man conne Frenss me telþ of him lute / ac lowe men holdeþ to Engliss." In other words, unless a man knows French, people pay him little heed; and only "low men" keep to English. Even allowing for its resilience in the face of Norman French, English remained small. French, Spanish, and Italian were the powerful international varieties, widely studied in Tudor and Stuart England. Queen Elizabeth was only the most prominent among many language students.

Box D
An instructional passage from John Florio's *Firste Fruites* (1578) (textbook and manual for teaching Italian to English gentlemen)

"What thinke you of this English tongue, tel me, I pray you?"

"It is a language that wyl do you good in England, but passe Douer, it is woorth nothing."

"It is not vsed then in other countreyes?"

"No sir, with whom wyl you that they speake?"

"With English marchants."

"English marchantes, when they are out of England, it liketh them not, and they doo not speake it."

"But yet what thinke you of the speech, is it gallant and gentle, or els contrary?"

"Certis if you wyl beleeue me, it doth not like me at al, because it is a language confused, bepeesed with many tongues: it taketh many words of the latine, & mo from the French, & mo from the Italian, and many mo from the Duitch . . ."

While later developments would put English in the ascendant, as late as the early seventeenth century its position gave little hint of future global status. With four or five million speakers, it remained of limited importance, well back in the linguistic sweepstakes. It is all too easy, today, to forget the historical vicissitudes of English. Its strength and scope may be greater than those of previous lingua francas, but the differences are ones of degree, not of principle. Anglophones ought not to be glib, of course, nor should they imagine that historical insights need lessen the impact of English upon other varieties. The anxieties felt by those whose languages and cultures exist in the shadow of larger neighbors have always been real enough. Still, this is a very old drama we are looking at here, one whose plot endures while the cast changes: some eternal *Mousetrap*.

Imperialism and endangerment

It has been suggested that the rapidity and the extent of the spread of English has been considerably assisted by anglophone governments and their servants. This alleged "linguistic imperialism" is seen as the main motor of "linguicism." There always has been linguistic discrimination, of course, and the deliberate banning of certain varieties in certain contexts is not only an historical matter (nor, of course, has it always involved English). Nonetheless, the idea that some hegemonical impulse is key to the spread of the language is too tidy and too narrow a view. For activists and, indeed, for some disinterested language scholars, acknowledging the prepotent unofficial forces behind English—influences that pull as well as push the language—means accepting an inconvenient truth.

English does seem to spread ever wider, pushing less dominant varieties aside, but the process is rarely conspiratorial. Defenders and promoters of interests to which the growth of English contributes will certainly support the language, and anglophone foreign policy—through the workings of bodies like the British Council—encourages and welcomes its global reach. Such conscious support is hardly vital, however. The powerful unofficial pressures that emanate from political, economic, and cultural dominance, and which have always led people to the linguistic Rome of the day, are quite sufficient to explain the current status of English. Without them, formal policies would be both silly and impotent. (By the way, France has its *Alliance française*, Portugal its *Instituto Camões*, Italy the *Società Dante Alighieri*, and Germany the *Goethe-Institut*: a sampling of the many national bodies established to promote language and culture. The impulse is a natural one.)

An important aspect of the imperialism thesis is that powerful languages have been shoved down the throats of subordinate populations who are easily manipulated and whose best interests have been overridden. Again, however, this is neither a parsimonious nor a particularly plausible thesis. Groups around the world are not merely passive recipients of English today, and it is interesting that those who argue against the iniquities of linguistic imperialism seem, themselves, to be patronizing in implying lack of "agency" among the millions of people learning English around the world. Sir Shridath Ramphal, a former secretary-general of the Commonwealth, wrote in 1996 that while the history behind the spread of English is not always one to be proud of, the linguistic legacy is now of use to all. The sociologist Joshua Fishman, no fan of big languages, reports that interactions between English and other varieties do not highlight imperialism but, rather, practical aspirations, often resulting in linguistic divisions of labor. As another scholar has observed: "the acceptance of English in its lingua franca role is consensual."

It is clear to disinterested observation that adoption of English around the world is not a result of anglophone conspiracy; learners are not, either grudgingly or unthinkingly, simply identifying with linguistic aggressors. In fact, the increasingly utilitarian acceptance of English has actually spurred activity in behalf of smaller languages: it is unsurprising to find both courses followed simultaneously.

Conspiracy and imperialism aside, there are valid fears that English will overtake other languages in more and more domains. Important voices cry out against linguistic dislocations. Ngũgĩ wa Thiong'o, the Kenyan novelist who may yet become a Nobel Prize winner, forsook English to write in his maternal Gĩkũyũ, a decision that underpins his many impassioned pleas for the linguistic and cultural "decolonizing" of the African mind. On the other hand, Chinua Achebe, an equally prominent African writer, means to use the language (English) that he has been given. Besides encouraging parallel literatures in local languages and big ones, Achebe also points to the emergence of "new Englishes," those localized variants that are more and more common around the world.

Opinion can vary about the spread of English, but it is quite unreasonable to expect that it can be meaningfully affected if the language itself is made the central target of action; this appears to be the error that many language revivalists repeatedly fall into. Languages are components of larger cultural packages and unless people take quite revolutionary steps to unpack and then repack them—which they are generally unwilling to do—then lasting linguistic changes are unlikely to occur. To hope for such changes while wishing to retain other parts of those "packages," which often include such desirable entities as modernity and mobility, is to hope for the unattainable.

The pressures that big languages exert upon smaller ones are most obvious and most severe when the latter have no official clout. For languages without a state behind them, appeals to their once-and-future speakers often rest upon pillars of cultural continuity and tradition. These are far from ignoble quantities, but they can loom less large when mundane needs are more immediate. And what about small languages fortunate enough to have their own states? Are they significantly better armed for resistance operations? The short answer is yes, but it would be a great error to think that the acquisition of official language status means that a corner of safety has been decisively turned. Irish is the only Celtic language to have its own country, but that has not made it the most dominant in its family, nor has political independence barred or, more importantly, really *wanted* to bar foreign linguistic influence at the border crossings. Other varieties (Dutch, Danish, Finnish, and Swedish, for example, to say nothing of Provençal, Catalan, Welsh, and others) are also finding that long-standing and official status at the state or regional level is no guarantee of protection.

The global expansion of English escalated considerably after World War II, although the initial formulation of the Treaty of Versailles in English rather than French was a significant watershed in international practice. Now, the great majority of the world's scholarly literature appears in English, although at least half of it is produced by authors from non-anglophone countries. Still, the increasing electronic shrinkage of the world may be good for smaller varieties. Early studies of Internet communication revealed that English had pride of place, but later ones show a growing presence of many other languages, and there is little doubt that a more multilingual Web is good for linguistic diversity.

Chapter 6
Loyalty, maintenance, shift, loss, and revival

All languages and all dialects are bearers of identity; all can have a psychological and symbolic significance that accompanies their more obvious communicative value. Speakers of big languages need hardly consider this. Minority-group members, however, rarely have the luxury of neglect here: for them, the instrumental and symbolic aspects of their language often become disengaged. This is why sociolinguistics pays closer attention to them than to "mainstream"-group members: the greater cultural and linguistic fragility of small groups tends to throw linguistic matters into sharper relief. The most obvious and therefore the most studied of such groups are ethnonational communities that have become minorities in their own country—through invasion, federation, partition. or other state-altering arrangements—or which have become small through migration.

Arguments have been made that different adaptations ought to be made for these two sorts of groups. Perhaps indigenous communities merit more official attention, greater social benefits or wider political autonomy, on the assumption that they are "autochthonous"' ("of the soil") and were "here first." Perhaps immigrant groups should expect a little less; after all, they moved and, in all but unconscionable instances, they did so voluntarily. Since there are clear linguistic aspects here, a little digression is in order, to point out that matters are less than clear-cut—as they are for the designation "minority" itself.

Is French in Canada a minority language, for example? The answer depends on the geographic perspective (provincial, regional, continental) that one adopts. And what about minorities within minorities? The aboriginal groups in Québec come to mind here, as do the Abkhazian and Ossetian enclaves within the former Soviet republic of Georgia. In many cases, groups of minority status are not particularly sensitive to the perceived plight of still smaller communities within them. Many *Québécois* nationalists who argue for the right to secede from Canada would deny that same course of action to the James Bay Cree. Numbers are also important in determining minority status, but they are not the whole story nor its most important element. Native language groups in South Africa have always vastly outnumbered speakers of English and Afrikaans, but those groups were of marginal status. It is clear that historically subaltern rank has much more to do with power than with population.

The most obvious point of comparison between indigenous and immigrant minority groups is that the former retain their residence on an ancestral home territory, something that may encourage cultural continuity, even with the loss of power and status. But there are complicating factors here, chief among which is the temporal dimension. Among the present-day Tamils of Sri Lanka, some came to the island a thousand years ago, while others moved there in the mid-nineteenth century. Are some indigenous and others not? How will we regard the apparently permanent *Gastarbeiter* ("guest workers" of the 1960s and '70s) in Europe five hundred years hence? Are the Welsh and Bretons truly indigenous in the lands they now live in? Were they not historical interlopers in some earlier age? If Canada and the United States are countries of immigrants, have some now moved to indigenous status with the passage of time? Is the

English-speaking population also an immigrant one in the eyes of aboriginal groups? And, in their turn, were not the latter also migrants via the Bering Strait?

Attachments to language become more salient when groups come into contact. The "language loyalty" that emerges is, of course, intimately intertwined with a broader group loyalty, with an identity now brought to the fore, and perhaps under perceived threat. Consequently, any communicative shift away from the ancestral variety is likely to mean discomfort and disruption, even when it is the result of "free" choice. I put the word in quotation marks because many choices that people make of their own volition are in effect Hobson's choices—that is, no real choice at all: recall Henry Ford's putative offer of a new Model T in any color, providing it was black. A better analogy, perhaps, is with *zugzwang*, the chess term for an undesirable move that nevertheless must be made. Who, after all, would move to a foreign culture and language if one were quite satisfied at home? Emigrants may not have been directly forced into those third-class or steerage quarters, but circumstances often meant that staying at home would be a fool's option.

While the presence of an original language is an obviously strong support for cultural continuity, a sense of groupness can rest upon other pillars, too (religion comes immediately to mind). The essence of that continuity, in fact, lies in the preservation over time of boundaries, of recognized group perimeters. This was the great insight of Fredrik Barth, the Norwegian social anthropologist. The continuing presence of borders is of signal importance; the cultural content that lies within them, and which gives them their permanence, can be quite mutable. Classic examples here are found in cross-generational comparisons of immigrants. The current descendants of those first Italians, Germans, and Irish to arrive in the United States look remarkably alike now; most of their cultural "markers" have altered a great deal, and very few of them speak their ancestral languages. Nor, indeed, is there any broad interest in learning them. Languages whose symbolic significance once complemented ordinary utility have lost the latter dimension, but not necessarily the former. This phenomenon also extends to indigenous groups. In an extensive attitude study undertaken in 1975, continuingly potent sentimental attachments to Irish were revealed, but these were not accompanied by much language use, nor by any widespread desire to actively promote Irish, nor yet by optimism about its future.

Those contemporary "hyphenated" Americans who are now monolingual English speakers may have forgotten the painful vernacular transitions that earlier generations had to undergo. The retention of language at a purely symbolic level is not an insignificant thing, and it may link importantly with other features of cultural life: a general interest in the past or a more specific concern with history and literature. It *might* even prove a platform for some degree of vernacular revival. It is not the same, however, as the instrumental language that gives rise to it and in whose absence more intangible aspects must ultimately fade.

Language decline

A once-popular view was that languages were almost organic, almost possessing a natural lifespan. In his Welsh-English dictionary, *The British Language in Its Lustre* (1688), Thomas Jones wrote that:

> to Languages as well as Dominions . . . there is an appointed time; they have had their infancy, foundations and beginning, their growth and increase in purity and perfection; as also in spreading, and propagation: their state of consistency; and their old age, declinings and decays.

The great nineteenth-century German linguist, Franz Bopp, also suggested that languages should be thought of as organic bodies, developing as though they had an "inner principle of life." These were metaphoric expressions even when they were written; no one believes that languages live and breathe. But organic metaphors have an appeal because, after all, languages *do* have lifespans. They are not granted by the laws of nature but by the vicissitudes of human culture. The fortunes of language are bound up with those of its users, and language decline or "death" reflects changes in the social circumstances of their speakers.

Language demise can occur without shift: a speech community dies out speaking its original variety, sometimes (but not always) in dramatic circumstances. The most common scenario, however, involves language contact and conflict: one language supplants another, and a process of shift is set in train, often proceeding over several generations. (A recent sociolinguistic argument held that language contact without conflict was impossible; the point was made by Peter Nelde, a Belgian linguist who was no doubt influenced by the continuing language difficulties in his country.) The most common pattern for immigrant languages in the United States has involved a three-generation shift: those stepping off the ship may learn very little English, particularly if they move into a neighborhood populated by earlier group arrivals (Chinatown, Little Italy, Germantown, and the like). Their children become bilingual, but *their* children are monolingual English speakers.

There is a number of historical reports of "last speakers," although these are not always entirely accurate. Dolly Pentreath died in 1777, allegedly the last native speaker of Cornish. Shanawdithit, who died in 1829, was the last speaker of Beothuk, a language isolate in Newfoundland. Ned Maddrell was the last speaker of Manx when he died in 1974. The last speaker of Oubykh (a language of the Caucasus) was Tevfik Esenç, who died in 1992. And Angela Sidney (d. 1992) and Marie Smith Jones (d. 2008) were the last fluent speakers of Tagish and Eyak, respectively (Athapascan languages of the Yukon and Alaska). There are two remaining speakers of

Ayapaneco, an indigenous Mexican language; unfortunately, Manuel Segovia and Isidro Velázquez refuse to talk to one another, even though they are neighbors in their little village in the state of Tabasco.

Few "last" speakers are monolingual, of course: they are important individual signposts of language decline as a result of group shift. Short of draconian and undesirable intervention, this is a difficult process to halt, for a simple if often disregarded reason: language shift is typically a *symptom* of contact between two unequal societies, contact in which the attractions and pressures of the stronger increasingly invade the domains of the weaker. This process is often abetted, grudging though the endorsement may be, by members of that latter group. In any event, attempts to reverse language shift generally reveal that attention to symptoms rather than causes is likely to be fruitless. One doesn't cure measles by putting bandages over the spots. And attending to the causes that underpin language shift is extremely difficult, short of revolutionary upheavals that are usually seen as impractical or unattractive.

What activists usually wish to see is a selective *linguistic* intervention in a changed or changing social fabric. Irish revivalists, or those concerned to shore up flagging varieties in North America—to cite both indigenous and immigrant settings—are typically unwilling to give up many of the socially advantageous historical developments that have occurred, developments covering everything from improved health to material prosperity, from the relaxation of traditional prejudice and intolerance to greatly enlarged possibilities of physical, social, and psychological mobility. I do not suggest that exposure to English was necessary for these desirable developments, merely that it is difficult to make a broadly compelling case, on either pragmatic or cultural grounds, for attempting to alter just a selected part of the tightly interwoven fabric of social evolution.

Language maintenance

The maintenance of a language generally rests upon the continuation of settings in which that language, and no other, is required. I have called these settings the *domains of necessity*, and they include the home, the school, and the workplace. There are many other domains, of course, but those in which participation is voluntary, sporadic, or idiosyncratic are not likely to be central to language maintenance. It is the progressive absorption of domains by a new language that charts the course of shift. The emerging patterns are rarely random: public settings are generally affected earlier than private ones, for example. That is why contemporary scholars have placed so much emphasis on the family: so long as the children learn at their mother's knee, surely the parental language will continue. In an isolated sense this is true, but it neglects the fact that even family members have to go out into the world beyond the garden gate.

There are two major and interrelated factors involved in language maintenance efforts, one tangible and one more subjective. The tangible one is that continuation of those domains of necessity just referred to. This is not an easy task. The other involves the collective *will* to stem discontinuity, to sustain linguistic vigor. Given the formidable social, economic, and cultural attractions associated with large languages and their societies, it is not surprising that active moves for language maintenance are usually the preserve of only a small number of people. There are all sorts of practical reasons why the masses cannot usually involve themselves in maintenance efforts, and although a broad goodwill often exists, it is generally a passive quantity. To galvanize social inertia has always been the most pressing issue for language activists.

It may be thought that invoking willpower is hardly appropriate when discussing groups who are under strong cultural and linguistic pressure. As an Irish scholar observed, "the lack of will to stop shrinking is an intrinsic characteristic of a shrinking language community." If small communities cannot muster sufficient will to counter external pressure, perhaps they might find themselves participating in some blame-the-victim melodrama. This is certainly to be considered. External influences, linguistic and otherwise, have often been welcomed, however, by those who see them leading to the enhancement of life chances. Beyond this, there are some further subtleties that broad-brush perspectives may not capture. While the decline of the Celtic languages has revealed familiar patterns of retreat before the advance of English, acquiescence in at least some facets of language shift (notably in educational settings) coincided with strong resistance to other manifestations of external pressure. The parents who were apparently willing enough for their children to be educated through English were at the same time quite capable of violent protest over land-management or religious matters. The suggestion, therefore, is that conscious decisions were taken, that the notion of an unnuanced surrender to overwhelming force is inaccurate. The Highland Scots, for example, increasingly came to associate English with three life-altering phenomena. Two of these were employment and prosperity; the third, emigration to the Lowlands or overseas, became recognized as the price for material advancement.

Changing fortunes have linguistic connotations. The Irish folklorist Caoimhín Ó Danachair wrote that Irish in the early nineteenth century became linked with "penury, drudgery and backwardness." Self-perceptions of Gaelic in Nova Scotia were described by Charles Dunn in almost exactly the same words: the language implied "toil, hardship and scarcity," while English was a medium of "refinement and culture." From the time of the earliest emigrations, settlers in the New World "carried with them the idea that education was coincident with a knowledge of English," as John Lorne Campbell observed. I am making no judgment here about the accuracy or the desirability of such attitudes but only point out that perceptions of languages, and the desires and actions that rest upon them, are based on comparative assessments. As resistance in other quarters indicates, there is some evidence for a reasoned discrimination here, even in subject populations.

Even if people have seemed less likely to go to the barricades for language than for other things, there are nonetheless examples of linguistic willpower. After enduring long years of sociopolitical and religious paternalism, the francophone population in Québec experienced a *révolution tranquille*, transformed and modernized itself, and assumed the provincial mastery that its inherent strength had always promised. An important corollary of the transformation was linguistic engineering on behalf of a French language considered to be at risk. Conscious effort occurs at the individual level, too: parents are often determined to bring their children up in quite specific linguistic ways. And, if one family can make certain choices, others might follow. Consider the far-reaching effects of Eliezer Ben-Yehuda's creation, in the 1880s, of the first Hebrew-speaking home in what was to become Israel; his son, born in 1882, was the first maternally Hebrew-speaking child in the modern era.

Language nationalists, activists, and enthusiasts of all stripes also testify to the importance of will, to the strength of commitments and often-dashed hopes. To stay with the Celtic world, consider the Cornish and Manx revivalists. Consider those native anglophones who move to the *Gaeltachtaí* (the Irish-speaking areas) of Ireland and Scotland, or who help establish Irish and Gaelic schools in Dublin, Edinburgh, and Glasgow. Consider those who carry the banners for Gaelic in Nova Scotia, making sure that the road signs that once read only "Antigonish County" now also show *Siorramachd Antagonais*. The other side of this coin, the one that often lends poignancy to language activism, is the will of those who choose *not* to move to minority-speaking enclaves, or to bring up their children in some endangered medium, or to otherwise encourage a "small" language.

The importance of linguistic and cultural will and its ramifications can hardly be denied, and it is a quantity that rests, ultimately,

5. The depiction on this 1959 stamp of Eliezer Ben-Yehuda, revivalist of the Hebrew language, is an indication of the importance of a common language in what would become Israel.

upon perception and attitude. As Ernest Renan observed more than a century ago, "une nation est une âme, un principe spirituel," in which the single most important factor is the group will. In fact, he contrasted this explicitly with language: "il y a dans l'homme quelque chose de supérieur à la langue; c'est la volonté." (A nation, that is to say, is a spiritual entity that rests more upon will than upon a particular language.)

Language maintenance is usually a parlous enterprise because by the time a small variety is seen to stand in need of it, the precipitating social pressures have often assumed large proportions. This is why maintenance and outright revival can generally be considered under the same rubric. (The famous case of the Hebrew revival in Israel stands somewhat apart, of course, although the linguistic and social factors there were not unique in themselves.) Just as contemporary linguists disdain prescriptivism—often forgetting that *any* type of language planning necessarily means prescriptivism—so most (but not all) have traditionally seen a "naturalness" to language decline and shift that precludes any useful intervention, even if it were thought broadly desirable. Joshua Fishman (see chap. 5) has regretted mother-tongue loss among groups "who have not capitulated to the massive blandishments of Western materialism, who experience life and nature in deeply poetic and collectively meaningful ways"; he argues that trying to reverse language shift is a holy quest. Attempting to combine scholarship and advocacy or, at least, attending to each of them under the same disciplinary rubric may be an unwise and unpropitious course.

A final note

Maintenance and revival efforts are usually best understood as reflections of the wish to shore up an important constituent of group identity. Since a stand-alone monolingualism is increasingly less likely and less desired in small cultural contexts, treatments of these efforts are essentially discussions about the best arrangement of multilingual and multicultural adaptations, either within or across state borders. At least at their deeper levels, such discussions are philosophical debates about social life writ large. It is always salutary to bear this in mind when considering particular manifestations of pluralism, linguistic or otherwise.

Chapter 7
Multilingualism

Accommodations are frequently desirable or necessary in multilingual or multidialectal settings—and some occur at finer-grained levels, too. Important here are the related concepts of "register" (which refers to contextual or functional variants: the language of law, for instance, or medical language) and "style" (referring to adjustments of formality, which can be anchored at one end by the language of intimacy and, at the other, by language that is frozen in print). Where register becomes unnecessarily impenetrable, overly specialized, or downright nonsensical, it may be deemed "jargon." Where it draws heavily upon nonstandard and often ephemeral usage, "slang" may be a more appropriate term.

Convergence with, or divergence from, conversational partners is common. Manipulation of accent and dialect features may occur, as well as alterations in speech rate and intensity, changes of subject, reworking of message content, and so on. Phatic communication, the virtually information-less "small talk" that nevertheless acts as a sort of social grooming, reflects adaptation. Paralinguistic features like tone and pitch, hesitation and pausing also contribute to the framing and interpretation of messages. And nonverbal accompaniments, including gestures, changes of physical distance, posture and orientation, actual contact (haptics), gaze and facial expressions, are also part of the accommodative package. Research has shown, in fact, that

Box E

From George Eliot's *Middlemarch* (1871–72). Here, the irresponsible Fred Vincy is discussing language with his sister, Rosamond:

Fred: ". . . all choice of words is slang. It marks a class."

Rosamond: "There is correct English: that is not slang."

Fred: "I beg your pardon: correct English is the slang of prigs who write history and essays. And the strongest slang of all is the slang of poets."

Fred does not understand slang in the contemporary sense, but the essence of his argument is surely a very modern one.

listeners who perceive discrepancies between verbal and nonverbal messages are more likely to believe the latter.

Bilingualism and multilingualism

The most immediately noticeable adaptations, of course, involve learning and using other languages and dialects. In many settings, bilingual accommodation seems the obvious avenue: one language for home and family, a variety that reinforces intimacy and helps to maintain historical continuity; another for the world beyond one's gate, a language of necessity.

While bilingual or multilingual capabilities can be approached at both the individual and the social level, the two are not always neatly connected. A region whose population is almost entirely multilingual may nevertheless officially recognize only one or two varieties. Many African countries, for example, have two official languages, usually a strong indigenous variety and an important European one, for highly heterogeneous and multilingual populations. On the other hand, many of the citizens of an officially bilingual or multilingual state may be monolingual. Beyond the province of Québec—in which French is the only official variety, but where many urban-dwellers are bilingual—Canada is overwhelmingly English-only, despite its official and much-vaunted federal bilingualism. (I am leaving aside here the sizable "allophone" population which, in Canada, means non-English, non-French, and non-aboriginal-language speakers: essentially, newer immigrants.) It is unlike those African populations that maintain their many languages over time, for two main reasons: first, because it is an immigrant population with every expectation of language accommodations; second, because while the "heritage" varieties brought from overseas may last for a generation or so, the groups move rather steadily toward the English "mainstream." Bilingualism is often, in fact, an impermanent way station on the road to a new monolingualism.

Where bilingualism remains more permanent, usually involving continuingly different social functions and domains of use for each language, the term "diglossia" is often used—even though, as the Greek version of the Latin "bilingualism," it doesn't logically cover any different ground. The connotation, nevertheless, is of a long-term phenomenon. Still, even stability is relative. The French-English diglossia that prevailed in England after the Norman Conquest eventually broke down.

Why should bilingualism (or multilingualism) be of particular sociolinguistic interest? It is an ability possessed by the majority of human beings—most of them relatively uneducated, many of them illiterate—which, in appropriate circumstances, can be acquired quite easily, even by the young. Why should a second or subsequent language warrant more than an extending footnote to the broader linguistic inquiry? Second-language acquisition cannot in principle be a precise replica of mother-tongue learning, simply because it *is* second: Heraclitus told us that you can't step into the same river twice. There is, therefore, a large technical literature on bilingualism. Since most of it falls under the rubric of psycholinguistics rather than sociolinguistics, however, I omit it here, suggesting only that a main vein of interest lies under the heading of identity.

Speaking a particular language means belonging to a particular speech community; speaking two or more may imply some sort of dual citizenship. Since language is a central personality trait, one possibility is that bilinguals have an identity woven out of more than one linguistic thread. Another is that personalities themselves may be dual. Much of interest rests upon the degree to which bilinguals possess either two (theoretically) separate systems of language, from each of which they can draw as circumstances warrant, or some more intertwined linguistic capacity. Compelling data are hard to come by here.

Linguistic adaptation to circumstances was of particular interest to Edward Sapir and his pupil Benjamin Lee Whorf. The linguistic hypothesis named after them captured the very old view that different languages carve up reality in different ways. In its strongest form, the argument is that your language determines the way you see and think about the world. A tight connection here would powerfully underpin the position held by all those who believe in an inviolable equation between a particular language and the group identity of its speakers. However, this "strong Whorfianism" is not generally accepted. The greatest counterarguments are that while languages obviously differ in important ways, we can translate among them, and that speakers of one variety whose circumstances change can learn another.

In its "weaker" form, Whorfianism makes a great deal of sense: language can *influence* our *habitual* ways of thinking. If we find that the Inuit talk and think about snow in a much more fine-grained and engrossing way than do Italians, we should simply understand that important features of their physical, social, and psychological environments are quite different. A desert community whose color vocabulary was traditionally nuanced in reds and browns but limited in greens would doubtless expand appropriately after the group struck oil and moved to Ireland. Environments of all kinds can be expected to "set" perceptions in particular ways, and every instance reinforces the particular linguistic parameters that highlight it. But none of this implies the development of some unalterable cognitive rigidity.

Incidentally, the notion that the Inuit have many different words—suggestions have ranged as high as four hundred—to refer to various types and conditions of what English speakers simply term "snow" is incorrect. In an amusing and enlightening book, Geoffrey Pullum has shown that they do not have distinct words for "snow on the ground," "fallen snow," "slushy snow," "snow drift," and all the rest. Pointing out that the phenomenon would be trivial even if true, Pullum cited authoritative sources that show only two relevant lexical roots: *ganik* (referring to snow in the air) and *aput* (snow on the ground). Many words can then be derived from these, just as "snow" in English can produce "snowfall," "snowflake," and "snowball."

In any event, what is the significance of a bilingualism that links an individual to more than one language community? Sometimes it is quite minor: the purely instrumental fluencies needed to conduct simple business transactions do not represent much of a psychological excursion from one's linguistic base camp. Still, there are many bilinguals whose competence is more deep seated and whose abilities go beyond spartan instrumentality. Some have a (real or alleged) kinship attachment to each group; others may have acquired second and subsequent linguistic citizenships in more formal ways. Some have written about their own experiences, and a few have speculated on the bilingualism condition more generally: I am thinking here of Steiner, Conrad, Nabokov, Kundera, Stoppard, and the others whose literary skills have encouraged meaningful reflection. We can learn from them, but they are atypical. Most bilinguals are less introspective, less articulate, more "ordinary." We need more sociolinguistic reports from those quarters.

Everyone is bilingual. At least, there is no adult who does not know at least a few foreign words and phrases: for anglophones, these include such terms as *c'est la vie* or *gracias* or *guten Tag* or *tovarisch*. While few would consider such limited competence as bilingualism, it is reasonable to ask at what point fluencies become sufficient to merit the term. How, in other words, should bilingualism be defined and measured? Earlier approaches tended to be more restrictive than later ones. In 1933 Leonard Bloomfield argued that bilingualism meant the addition of a perfectly learned second variety to one's first and undiminished language. Twenty years later Einar Haugen suggested that the ability to produce complete utterances in the second language was a sufficient criterion. But most modern treatments agree that specific contexts and specific purposes should be considered.

The question of degree, of where bilingualism really "starts," is complicated by the several relevant dimensions of ability: listening, speaking, reading, and writing. One could be a reasonably good "receptive" (or "passive") bilingual but not a very good "productive" (or "active") one. As well, facility across the levels of vocabulary, grammar, and pronunciation may vary a great deal. Should some equivalence across these dimensions be sought, or might sufficient strength in one compensate for weakness in another? A rough sense of bilingual proficiency can usually be arrived at, of course, but it may not be sufficient for comparing bilingualism across individuals, or for relating language abilities to other personality characteristics.

There are all sorts of tests available to measure bilingualism: some involve self-report, others use interviews, or measures of relative dominance and linguistic flexibility. Reaction times to information presented in two (or more, of course) languages may be useful in determining relative strengths, vocabulary tests can be used, pronunciations can be recorded and assessed, and so on. There are many hazards in applying and interpreting such tests, because they can be affected by a host of factors: attitude, age, gender, intelligence, memory, linguistic distance between the languages, and context of testing. Furthermore, even if it were possible to make accurate assessments, problems of appropriate labeling would remain: after all, one would hardly expect people to fall neatly into a small number of ability compartments. Two things are clear, though: there are very few truly "balanced bilinguals," individuals whose skills are equivalent across their languages; relatedly, the vast majority of those to whom the term "bilingual" can be reasonably applied show marked dominance for one of their languages.

It has sometimes been thought that proficiency in one language may mean diminished ability in another, but there is no evidence for such a view of mental capacity. Even if some "finite-container" model were to be accepted, all that is known of intellectual structures and functions suggests that there is no likelihood of exceeding neural limits. Sherlock Holmes justified his ignorance of many things by telling Watson that the brain was like an attic, that one should fill it wisely according to one's needs, and that "it is a mistake to think that that little room has elastic walls and can distend to any extent." Holmes could have remedied his ignorance of literature and astronomy, however, without displacing his knowledge of poisons or the many varieties of cigarette ash.

There have always been people with extraordinary linguistic fluencies, and they seem not to have paid any sort of cognitive price. Richard Francis Burton, the Victorian soldier-explorer, traveled widely in India, Arabia, and North and South America. He was competent or better in more than two dozen languages. Or consider James Murray: destined to be the first editor of the *Oxford English Dictionary*, he applied in 1866 for a post in the British Library, outlining his very impressive linguistic credentials. Here is part of his letter of application:

> I possess a general acquaintance with the languages and literature of the Aryan and Syro-Arabic classes . . . with several [languages] I have a more intimate acquaintance, as with the Romance tongues, Italian, French, Catalan, Spanish, Latin and in a less degree Portuguese, Vaudois, Provençal and various dialects. In the Teutonic branch I am tolerably familiar with Dutch . . . Flemish, German, Danish. In Anglo-Saxon and Moeso-Gothic my studies have been much closer . . . I know a little of the Celtic, and am at present engaged with the Sclavonic [*sic*], having obtained a useful knowledge of Russian. In the Persian, Achaemenian Cuneiform and Sanscrit branches, I know for the purposes of Comparative Philology. I have sufficient knowledge of Hebrew and Syriac to read at sight the OT [Old Testament] . . . to a less degree I know Aramaic Arabic, Coptic and Phenician [*sic*].

Remarkable though Murray and Burton were, particularly by contemporary anglophone standards, such multiplication of capabilities is not confined to exceptional cases. Paulin Djité, a friend and colleague of mine, grew up in Côte d'Ivoire speaking French and Wè at home, and Yoruba, Baoulé, and Dyula with playmates and others. His education was through French, English, and Spanish. As an adolescent, he added Attié, Gouro, Koulango, Dịda, and Bété to his linguistic repertoire, along with a more passive knowledge of Ewe and other varieties. His language skills are formidable, but as he himself has pointed out, many educated Africans have followed similar linguistic paths.

The general point is simple: bilingualism is not risky. An important corollary is that bringing children up bilingually, enrolling them in bilingual-education programs, or placing them in appropriately constructed school "immersion" environments, is not risky either. Where negative consequences of bilingualism have been observed, language itself is rarely to blame; some constellation of social, personal, or cultural factors is typically the culprit. Beyond its effects on school children, bilingualism has also been seen as socially risky in some quarters. In the United States, some have felt

6. Sir James Murray, first editor of the *Oxford English Dictionary*, is seen here in his "scriptorium" (a room for writing), which he had had built in his garden in Oxford.

that bilingual education for Spanish-speaking children may delay their acquisition of English and thus interfere with full integration. The evidence, in fact, suggests otherwise. It seems clear that worries about social divisiveness are often underpinned by fears of some creeping Hispanicization, and are sometimes fueled by darker motives altogether.

Most scholars point to the advantages of bilingual competence acquired in childhood and, in some accounts, younger brains are seen to be more "plastic" and "flexible" than older ones. There is something to this—particularly, perhaps, where accurate accent acquisition is involved—but older learners have learning experience that is lacking in small children and, providing the motivation is sufficient, they often prove to be better learners. If the maturity and articulated necessity of the older were combined with the impressionability, imitativeness, spontaneity, and unselfconsciousness of the younger, rapid and proficient bilingual acquisition could be predicted.

Theories of second-language learning, like those of mother-tongue acquisition, endorse a cognitive sequence in which rules are formulated and tested. The major difference, perhaps, lies in the context. That is, all normal children will have learned their first language quite well by an early age; learning second and subsequent ones, however, is clearly a less "automatic" process and more one in which social context is paramount. Contemporary anglophone laments about the difficulty of learning another language reveal more about the current state of global realities than they do about inherent disadvantage. For those many millions who do become bi- or multilingual, mundane necessity is the great motivator and the great determiner of how far language competence develops.

It is one thing to say that all normal people have the basic capacity to expand their linguistic repertoires and that doing so exacts no intellectual penalties. But what of the notion that bilingualism can *increase* intellectual scope? There is a long historical tradition that one's personality somehow expands with increased language fluencies, held particularly among the social elite for whom an additional language or two was always an integral part of civilized life. In the sixteenth century, Charles V (again) suggested that *quot linguas calles, tot homines vales*: one becomes as many people as languages known. There is some minority opinion on the matter, though. In the seventeenth century, for instance, John Milton and Samuel Butler argued that expanded repertoires do not, in themselves, imply intellectual breadth. Milton said that multiple language fluencies alone were no substitute for underlying knowledge; Butler wrote that "the more languages a man can speak, his talent has but sprung the greater leak."

In the modern era, scholarly investigation once tended to associate bilingualism with lowered intelligence. Some of this work was reinforced or prompted by racist reactions to the early twentieth-century flood of immigrants to America. As part of the burgeoning intelligence-testing movement of the time, in which assessments were constructed to screen uneducated, nonwhite, and non-northern-European arrivals, it was often found that "feeble-mindedness" among immigrants (or hopefuls) was correlated with poor knowledge of English. A widely cited study by Florence Goodenough concluded that "the use of a foreign language in the home is one of the chief factors in producing mental retardation." Amazing, perhaps, but understandable at a time when social fears and prejudices underpinned not only racism but also programs of eugenics and involuntary sterilization supported by many prominent scholars and statesmen.

The excesses of this era became increasingly apparent, and so too did more nuanced difficulties. Almost all the early work attempting to relate bilingualism to intelligence was flawed by inadequate experimental controls. A representative study found no significant intelligence difference between urban monolingual and bilingual children, but a substantial one among rural children:

it had neglected to take into account marked socioeconomic variations among their parents. In all such work, too, there are problems of reasonable inference. If a negative correlation were to be found between intelligence and bilingual ability, which has caused which? There might be other, unmeasured factors that influence both, and thus create the observed relationship. The old maxim applies: correlation need not imply causation. As more careful studies paid closer attention to nonlinguistic factors, that relationship essentially evaporated.

What some have seen as a turning point came in the early 1960s, when findings showing a *positive* relationship between intelligence and bilingualism began to appear. Studies in Montreal found that children bilingual in French and English outperformed their monolingual counterparts on both verbal and nonverbal intelligence tests, leading Robert Gardner and Wallace Lambert to conclude that the former possessed "mental flexibility, a superiority in concept formation, and a more diversified set of mental abilities." They also acknowledged the correlational problem: "it is not possible to state from the present study whether the more intelligent child became bilingual or whether bilingualism aided his [*sic*] intellectual development." The most recent work, also undertaken by Canadian researchers, has nevertheless suggested that bilingualism is associated with improved cognitive functioning. It has also argued that the larger "cognitive reserves" of bilinguals may ameliorate the symptoms of Alzheimer's disease; unsurprisingly, this has attracted considerable media attention. The researchers acknowledge some limitations and note that the performance of bilinguals is not invariably better than that of their monolingual counterparts.

Overall, it seems fair to say that strong conclusions about bilingualism and cognition are not warranted. The enlargement of the linguistic repertoire is, in itself, unlikely to lead to significantly increased cognitive and intellectual skills. It is obviously, however, a highly desirable personal expansion.

Beyond bilingualism

Despite the many nuances that are available to all normal speakers, monoglot or polyglot, efficient communication often requires further action, and this falls into two categories. The first involves lingua francas. Although there were no doubt earlier examples, the classic lingua franca (that is to say, the "language of the Franks") was a medium for trade and commerce dating from the time of the Crusaders' struggles in the eastern Mediterranean. It drew upon several languages, including Provençal, French, and Italian, with the last being the dominant element. Turkish, Greek, and Arabic also contributed, and the word "Frank" clearly suggests Eastern influence: it is related to *feringhi*, an Arabic word denoting any European (or, sometimes, any Christian). Early uses of the term typically refer to some sort of "mixed language," and it appears for the first time in English in the late seventeenth century: a lingua franca, one of John Dryden's characters says, is a compound of all tongues. The meaning then generalized to signify any "contact" medium, and by the end of the nineteenth century, the term had expanded to include instances where a single language provided the necessary bridging. Although the earlier connotation of a mixture of varieties was not entirely lost, this last sense grew, and today the most common lingua francas are the big world languages.

There are many historical examples of existing languages becoming important lingua francas—not because of any intrinsic qualities setting them above other varieties but because of the power and prestige of their speakers, native or otherwise. Greek and Latin are the classical examples, but French, Italian, Arabic, Hindi, and other languages have all played bridging roles.

Pidgins and creoles have also acted as "link languages," often between European traders and the local people with whom they dealt. In his *Voyage to China*, published in 1850, Julius Berncastle suggested that "pidgin" was a Chinese mispronunciation of

Box F
The term "lingua franca," as found in John Dryden's play *The Kind Keeper, or, Mr. Limberham* (1680)

Woodall: *Seignior, io non canno takare ten guinneo possibilmentè; 'tis to my losso.*

Limberham: That is, Pug, he cannot possibly take ten guineas, 'tis to his loss: Now I understand him; this is almost English.

Mrs Tricksy: English! away, you fop: 'tis a kind of *lingua Franca*, as I have heard the merchants call it; a certain compound language, made up of all tongues, that passes through the Levant.

Limberham: This *lingua*, what you call it, is the most rarest language! I understand it as well as if it were English; you shall see me answer him: *Seignioro, stay a littlo, and consider wello, ten guinnio is monyo, a very considerablo summo.*

"business," but this is a disputed etymology. The important point is that pidgin varieties employ only those restricted vocabularies and grammars needed for simple and practical communication. Little nuance is required. (Pidgins exemplify a much more general linguistic tendency, in fact: the development of fluencies up to, but not beyond, the requirements of day-to-day use.) Pidgins are often quite ephemeral, but in situations in which contacts are prolonged, they may have some longevity.

In Papua New Guinea, Tok Pisin (i.e., "talk pidgin") is spoken by several million people and has achieved official recognition. From Luke 15:31, in the New Testament (*Nupela Testamen*), comes "I tokim em, i spik, 'Pikinini, oltaim oltaim yumi tupela i save stap wantaim. Na olgeta samting bilong mi em bilong yu.'" This is Tok Pisin for "he said unto him, 'Son, thou art ever with me, and all that I have is thine'" (KJV). In fact, Tok Pisin has now become the mother tongue for some people, which means it has become an "expanded pidgin" or, indeed, a *creole*.

Definitions of "creole" vary considerably, but they all begin with people rather than language: a person of European ancestry—of French or Spanish background in Louisiana, the Caribbean, or Latin America, for example; or a person of mixed white European and black heritage; or, indeed, Africans born in non-African colonies. In its traditional linguistic sense, a creole emerges when children born in pidgin-speaking communities begin to develop (or "creolize") their linguistic inheritance. Nobody's mother tongue becomes somebody's mother tongue in a process by which the emerging variety becomes richer and more expressive than its parent. Scholars have also suggested, however, that creole varieties may arise "abruptly," from group contact without any preceding pidgin stage. A national language of Sierra Leone is Krio (i.e., Creole); it is spoken by the vast majority of the country's six million inhabitants. And now, in combination with other languages, Krio spawns further pidgin varieties: a nice example of the ever-dynamic nature of language.

A final type of lingua franca is the "artificial" or constructed language, of which there have been a great many over the centuries. The most well known and by far the most successful is Esperanto, published by Ludwig Zamenhof in 1887. It has between one hundred thousand and two million speakers today, a range that reveals the inadequacy of current estimates. As well, there are several hundred children for whom Esperanto is the mother tongue. Zamenhof, like other makers and supporters of constructed language, hoped that Esperanto would provide more than a universal second language; it might also contribute to a desirable "transnational identity," one that would counter the violent excesses of nationalism.

The idea of a neutral auxiliary language has seemed appealing to many people. Such a variety does not privilege any particular national group, it has no unpleasant historical baggage, it is constructed so as to be easily learned, and it supplements rather than replaces "natural" mother tongues. But no Esperanto-like production has succeeded in any but the most restricted and self-conscious settings. Some critics have bluntly dismissed constructed-language apologists as cranks, faddists, and "language maniacs." Others, while not always wholly unsympathetic, have pointed to flaws. A historically persistent view—espoused by commentators as various as Bertrand Russell, George Bernard Shaw, H. L. Mencken, George Steiner, and J. R. R. Tolkien—is that languages simply do not arrive on the scene in such precipitate fashion. They emerge, rather, over long periods of time, carrying with them histories, literatures, myths, and traditions. Mencken thus complained that "universal" languages lack the "juices of life," and Steiner wrote that they were without any "natural semantics of remembrance."

Collaborating with Charles Ogden, Ivor Richards presented "Basic English" in 1930: like Esperanto, it was intended as an international auxiliary language. Although this simplified variety attracted George Orwell for a time, he soon became disenchanted with the whole idea—although Basic English was the foundation for the "Newspeak" of his *1984*. Nellie Limouzin, an aunt of Orwell's, lived in Paris with the noted Esperantist Eugene Adam. Something of a language fanatic, Adam engaged in endless debate, which may have prompted Orwell's observation that, "for sheer dirtiness of fighting, the feud between the inventors of various of the international languages would take a lot of beating." Orwell's point is not without foundation, but Richards himself made a more general one: there has always been insufficient incentive for significant numbers of people to learn a constructed language. There is indeed a great obstacle here, perhaps now a fatal one in a modern world so thoroughly penetrated by English. An invented lingua franca like Esperanto might be more appealing if it possessed a large international body of speakers. Since it does not, however, potential learners may reasonably ask themselves why they should take the plunge. And yet, without more people learning the language, that large international speech community will never arrive. The difficulty here is a sort of Catch-22.

Although not an enthusiast myself, I find it regrettable that so few scholars have paid any substantial attention to constructed languages. They may be peripheral sociolinguistic phenomena, but they are historically long-standing ones. Apart from the language aspects per se, there are also psychological and sociological points of interest here. What are the impulses and motivations of language inventors and learners? How do the former go about their task: do they draw upon any linguistic scholarship? What sort of people are the learners? These and other questions have been neglected by an academy that has generally prejudged or seen as taboo the whole area, even though (for Esperanto, at least) there are "facts, texts, and living subjects readily available."

Beyond the lingua franca, the other great communication bridge is translation. Apart from the most elementary word-for-word exercises—rarely useful, as the Roman statesman Cicero pointed out when advising against translating *verbum pro verbo*—every act of translation involves interpretation and judgement. This means that translation happens within as well as across languages. Even the simplest of conversations between speakers of the same language can require the oral equivalent of "reading between the lines," and it is only through a constant process of translation (and periodic retranslation) that we maintain links with our own literature and our own culture.

Judgment and interpretation must be exercised carefully, and most translators respect the general admonition of John Dryden who, when translating Virgil, reported that he "thought fit to steer betwixt the two extremes of paraphrase and literal translation; to keep as near my author as I could without losing all his graces." The idea, as Dryden went on to say, was to try and make the poet "speak such English as he would himself have spoken, if he had been born in England, and in this present age." Three centuries later, the point was generalized by the classicist Émile Rieu as "the law of equivalent effect."

It is interesting to consider that the greatest threats to accurate translation, to the achievement of "equivalent effect" across time and culture, appear at opposite ends of the literary continuum. At one pole there is slang, swearing, and ephemeral idiom. When Leonard Tancock was translating the "naturalist" works of Zola into English, he pointed out that the author's use of "more or less blasphemous variations and elaborations on the *Nom de dieu!* theme" would hardly work for mid-twentieth-century English readers. Parallels had to be found, current English words and phrases of similar tenor and impact. At the other pole are poetic, dramatic, or philosophical productions rich in metaphor and allusion, or full of dense, abstract reasoning. Shakespeare presents more difficulties than Agatha Christie. (Even a writer as prosaic as Christie can create problems for translators. The late Czech-Canadian writer Josef Škvorecký noted the difficulty in turning Hercule Poirot's very "frenchified" English into something that would "work" in Czech translation.)

Accurate translation may be difficult, but its linguistic benefits are clear and continuing. They may, however, be offset by psychological disadvantages. The translator has entry to (at least) two language communities, and may be able to transport intimate information from one to the other. Successful translation, George Steiner remarked, has a touch of treason: "hoarded dreams, patents of life are being taken across the frontier." Proverbial expressions in several languages support him. To cite only two, Italian (*traduttori, traditori*) and Hungarian (*fordítás, ferdítés*) equate translation with treachery or distortion.

Chapter 8
Name, sex, and religion

It may be indelicate in modern society to ask about someone's income or political inclinations or family ancestry, but inquiring about religion has *always* called for tact and has sometimes been dangerous for those asking or replying. Similarly, conversations about sexual preferences and practices have typically been either guarded or avoided, and circumspect description of sex and gender remains the norm in polite and scholarly usage. Names and naming can also carry important emotional baggage and may prove very contentious. Little wonder, then, that religious, sexual, and onomastic matters occupy important, if sometimes rather neglected, niches within sociolinguistics. Ending this book with a discussion of these topics emphasizes that they merit fuller formal investigation. They have always been of very broad general interest.

Language and religion

Formal sociolinguistic interest in the relationship between language and religion has been much slighter than might be imagined, despite the many points of connection between the two. Among the most important of these points are language and religion as common and sometimes complementary markers of groupness, the language *of* religion, and the work of missionaries. The spread of religion, for instance, has generally had linguistic accompaniments. With the spectacular expansion of Islam in the seventh and eighth centuries, Arabic became a world language. With the fourth-century conversion of the Emperor Constantine, Latin became the lingua franca of Christianity and the old principle of *cuius regio, eius religio* (the religion of the ruler is the religion of his domains) was strongly reinforced. In the Holy Roman Empire of the sixteenth century, the principle was reaffirmed in the interests of international harmony.

Within states, too, religion and language have often been seen to march together. In revolutionary France, fewer than half the citizens were actually French-speaking, and many regional varieties were seen by the new political masters as mediums of religious fanaticism: superstition, it was said, spoke Breton; fanaticism spoke Basque. In nineteenth-century Russia, "polonization" in Lithuania was associated with Catholicism, a threat to the official Orthodox church. At about the same time, anti-French sentiment in Flanders had a strongly religious tone, and for some ultramontane Catholics language activism was but an aspect of larger religious motivations.

The Buddhist Sutras, the Hindu Vedas, the Christian Bible, the Holy Qur'an and the Hadith, the Torah and the Talmud, and many other religious works are all sacred in and of themselves, to varying degrees. Some, for instance, are not to be translated at all, while particular versions of others (the King James Bible, for example) have achieved iconic status. Even more centrally, the holiness of the "word" can reflect a sacred linkage between words and things and can, indeed, imply creation itself. The idea predates both the Christian era and the Greek Golden Age. Some time during the twenty-fifth Egyptian dynasty (i.e., ca. 750–650 BCE), an already existing theological discussion was inscribed on a stone, now in the British Museum. This "Memphite Theology" recounts how the god Ptah, having first *thought* the world, went on to create it by saying the name of all its elements. Thus, in the Egyptian mythology, as in later ones, names and things coincided, the former perfectly capturing the essence of the latter.

In the Christian tradition there is from earliest times this mystical association of the "word" (*logos*, the Greek λόγος)—with its many related meanings of word, thought, pervading principle, reason, and logic—with the all-pervasive and divine spirit. This is written at the opening of the Gospel of John in the most forthright way: "In the beginning was the Word, and the Word was with God, and the Word was God." Christ *is* the *logos*, and the "word" in biblical usage also generally implies Christian belief. Genesis 1:3 describes God creating light by *saying* "let there be light," and the holy connection here has never been broken. God commanded things into existence: *opera dei sunt verba eius* (his works are his words). It follows that any tampering with the "word" is of the utmost gravity.

There are clear demonstrations that translation can be blasphemous. He who has "been in Christ" must not (or, perhaps, cannot) repeat the *arcana verba* in mortal words (2 Cor. 12:4). And Jewish writings from the first century record the belief that the translation of the holy law into Greek led to three days of darkness. There are groups who believe that the name of God is never to be uttered, others who reserve this honor for some priestly caste, and still others who argue that *no* language at all is adequate for religious purposes. Some, like the Quakers, prefer silent worship, for only then may God's "still, small voice" (1 Kings 19:12) be heard.

From the general sense of the sacred status of language, there quickly arose more assertions about specific languages. These were based upon speculations about the language of Eden. Genesis 2:19 describes how God formed all the birds and beasts, "and brought them unto Adam to see what he would call them: and whatsoever Adam called every living creature, that was the name thereof" (KJV). This naming took place in the original, ideal, and God-given language: unlike all natural varieties since, there was thus a mystical but perfect correspondence between words and the things that they named. What *was* this first, divine language that God implanted in the first man? And how is this relevant in our discussions here?

The question of the first language was of the first importance because those who speak that language, or whose ancestors did, might claim a special and intimate relationship with divinity. Early Jewish literature unsurprisingly described Hebrew as the first language, and the view was also supported by virtually all the Greek, Latin, and (later) Byzantine patriarchs, and by the Christian community generally. Aramaic was also proposed as the original *lingua humana*, too, as was Arabic in some quarters. Well into the seventeenth and eighteenth centuries, scholars were asking related questions: Did the language of Adam survive in some form or other? Was it contemporary Hebrew? Was it the apparently nonsensical utterings, the *glossolalia*, the "speaking in tongues" of Pentecost?

Many understood, of course, that even if Hebrew were the original language, its contemporary varieties had clearly lost that essential character that allowed a perfect fit between words and things. In the mid-seventeenth century, Thomas Hobbes pointed out that, while "the first author of Speech was *God* himself, that instructed *Adam* how to name such creatures as he presented to his sight," the scriptural record "goeth no further in this matter." Besides, Hobbes added, whatever *may* have been the situation in the Garden of Eden, all of Adam's linguistic invention was "lost at the tower of *Babel*, when by the hand of God, every man was stricken for his rebellion, with an oblivion of his former language."

Suggestions for the first language included Danish, Swedish, Polish, Basque, Hungarian, German, Chinese, and all the Celtic varieties. Multiple-language scenarios were also developed. In one (French) view, God spoke Spanish to Adam, the Devil spoke Italian, and Adam and Eve subsequently apologized to God—in

French, *bien sur*. Some Persian scholars felt that Adam and Eve spoke their language, that the snake spoke Arabic, and that the angel Gabriel spoke Turkish. Such bizarre conjectures were derided as soon as they were made, and by the late seventeenth century it had become clear that the urges of identity politics and aspirations fueled the many ludicrous outbursts of special pleading. Since Latin was on the wane at this time, and since the "vulgar" tongues were coming into their own as national mediums, it is unsurprising to find competitive arguments made on their behalf. The idea that a particular language might have some claim superior to all others resonated in even the most scholarly of hearts. Leibniz joined in the ridicule, saying that if the Turks and Tartars became as learned as Europeans, they would argue that *their* languages were the mother tongues of all—but he still retained a fondness for the idea of divine "Celto-Scythian" roots that would include German.

The great nineteenth-century German philologist Max Müller pointed out that all these fruitless speculations retarded the progress of linguistic science. For example, the strong advocacy of Hebrew as the language of Eden meant that, when scholars began to seriously consider linguistic classification and language families, they devoted much time trying to show how Hebrew had produced so many offspring. "It is astonishing," Müller wrote, "what an amount of real learning and ingenuity was wasted on this question during the seventeenth and eighteenth centuries."

Most of the efforts to investigate the language of Eden, or to stake a claim for one modern variety or another as the primary descendant of that sacred variety, now seem very odd indeed. They remain of social-psychological value because, like most inquiries into the social life of language, they were really about group distinctiveness. Since they occurred at a time when biblical affiliations and divisions were of the utmost significance, the tight intertwining of linguistic and religious elements seems very natural indeed. This intertwining is still extremely powerful in many parts of the world.

Not all of them are far away, either: there are many millions of North American evangelical Christians, for instance, who continue to believe that the Bible is the *literal* word of God, for whom the ancient connotations of the *logos* still hold good.

At another level entirely, recall the Israeli context, in which the need for a common language coincided with an existing *langue intime*, one with quintessentially religious connotations. The particularity of the Israeli Hebrew "case" is that the religious factor was central, and in two ways. First, during the long period when the language almost ceased to exist as a daily vernacular, religion provided a sheltering home for it. Second, the development and maintenance of a state built upon a specific religious base brought that sheltered language back into wide mundane use.

There are other modern instances of the close connections among language, religion, and identity that are as interesting, if not always as dramatic, as those involving Hebrew. Some show how a strong connection between language and religion can both reinforce and weaken the former. If, for instance, religion is a central pillar in the culture of a group whose language is at risk, it makes sense to exploit its strength and to suggest that faith is uniquely expressible through the threatened tongue. In nineteenth-century Nova Scotia, Gaelic was equated with wisdom, honor, and righteousness, for it was "a powerful, spiritual language." Similarly, in 1916 Robert Fullerton described Irish as "the casket which encloses the highest and purest religion"—it was the "instrument and expression of a purely Catholic culture." At the same time, English could be condemned as the expression of a materialistic and godless culture. The Catholic and Irish-language heritage of the remaining Irish-speaking areas constituted an important barrier against the corrupting influences of the anglophone world. Linguistically nonsense; sociolinguistically very revealing.

So, just as it had been reviled as the language of "popery," proscribed under the Tudors, used to facilitate religious conversion, and then indirectly proscribed again, the religious associations of the Irish language were exploited by nineteenth-century revivalists. The twists and turns of the Irish-English-Catholic-Protestant nexus are enough, in themselves, to justify greater sociolinguistic attention. That the strength of Catholicism, unwavering until the most recent times in Ireland, could be used to halt, shore up, and perhaps even reverse the decline of Irish seems a logical move. Indeed, if it had proved possible to convince the Catholic Irish that there was a necessary and indissoluble link between their faith and the Irish language, the fortunes of the latter might have shown a dramatic improvement.

In fact, religious strength may have acted *against* language-revival efforts. As the most broadly potent component of Irish identity, the continuity of Catholicism may have diluted the urge to protect the linguistic component. In the face of a powerful neighbor whose language increasingly seems the key to social and economic advance, a weakening local language may not seem so vital a pillar of "groupness" if another stalwart support remains secure. Even among activist minorities, a certain linguistic resignation may become increasingly apparent, a certain acceptance may grow, bolstered by the conviction that, after all, group identity is still on firm ground.

These Celtic linkages are not solely of the past. A contemporary Presbyterian minister in Scotland now suggests that, whatever may have once been the case, God is now quite clearly ill-disposed toward Gaelic. In the absence of Gaelic-speaking candidates for the ministry, the reverend gentleman has argued that "since the Lord is not sending out Gaelic-speaking labourers to toil in His harvest, I must draw the conclusion that it is not His will that Gaelic survive as a language."

There may be few Gaelic-speaking laborers at work today in the fields of the Lord, but in other parts of the world missionary activity has carried on almost unabated. Such religious activity has always been closely entwined with linguistic matters. There is not the slightest doubt that a great deal of extremely useful linguistic work has been accomplished by missionaries, not all of it undertaken merely in the service of expediting conversions. As Max Müller pointed out, missionaries often felt it part of their duty to "collect lists of words, and draw up grammars wherever they came in contact with a new race." Contemporary linguists have also pointed to the important role that missionaries have played and continue to play. There is an obvious tension, of course, because missionaries are engaged, however beneficent their motives may be, in cultural intervention. More pointedly, missionaries may have a real and scholarly interest in local cultures and languages, but they are generally opposed to local religions.

An obvious implication is that indigenous languages are learned, recorded, and used as evangelical tools. Victorian missionaries in Africa found it expedient to learn local languages, and so do the current members of the Summer Institute of Linguistics (SIL). Thousands of workers, in virtually every part of the world, have produced many important publications, including *Ethnologue*, a comprehensive catalogue of all the world's languages. It is updated regularly, and the latest (2013) edition is the sixteenth. Established in the 1930s and now based in Texas, SIL is in fact the more secular face of its partner, the Wycliffe Bible Translators. Scholars have described the organization as attempting to minimize its missionary role—in which its language activities are aimed at producing, distributing, and supporting vernacular versions of the Bible.

The religious use of language has a long history. In eighteenth- and nineteenth-century Ireland, for example, the vernacular was employed in hopes of more efficiently transforming Catholics into Protestants. A century earlier, Comenius, the great Czech educator, said, "let some of our own people, through intercourse with the barbarians learn their languages." He went further, suggesting that large numbers of children should be taken away to be educated and instructed in "our language and the harmonies of things," then returned as apostles to their own people. Again, a practice with a long and widespread history.

Many children in many parts of the world—including Australian and North American aboriginal children, whose removal and abuse are only now being subjected to systematic "truth-and-reconciliation" investigations—were routinely removed from their homes and placed in residential schools. The ostensible reason was always to better educate them in the ways of modernity and, therefore, to improve their prospects. More subtly, however, the aim was often to interrupt older traditions, cultures, and languages that were seen, at best, as passively primitive and, at worst, as actively opposed to the dictates of a conquering or a dominant power.

Evangelists have often found the need to teach as well as learn language. Early Jesuit missionaries, for instance, found that a diversity of tongues frustrated their activities: even where an indigenous lingua franca existed, "its primitive vocabulary was quite inadequate for explaining the *mysteria fidei*." Thus, the early attempts at constructed languages, forerunners of Esperanto, were strongly religiously motivated. Spiritual impulses generally tallied well with less heavenly aims: merchant-adventurers in the Americas told Charles V that linguistic confusion interfered with the discovery and exploitation of gold, silver, and other valuable resources. So, in the preface to his seventeenth-century universal-language scheme, the *Ars Signorum*, George Dalgarno pointed out its value for "civilizing barbarous Nations, Propagating the Gospel, and encreasing Traffique and Commerce."

Language and gender

In obsolete usage, "gender" could refer to types or sorts: "diseases of this gender are for the most part incurable," wrote a seventeenth-century physician. As a verb, it once indicated copulation: "elephants never gender but in private, out of sight." By the mid-eighteenth century there had emerged the related sense of the getting of offspring: "from tigers tigers spring; pards gender pards." But, from at least the fourteenth century, "gender" was essentially a grammatical term. With one or two historical exceptions, often of a facetious or coy nature, the sense of the word as an indication of the masculine or feminine behavior of men and women is a modern usage. It is usually, and usefully, distinguished from "sex": biological characteristics define the latter, while gender, although built upon biological categorization, is a social construction.

There are of course actual language differences between genders, and some have been quite striking. When Europeans first came into contact with the Carib Indians of the New World, they found that both men and women had expressions "peculiar to themselves" (as a seventeenth-century report put it). Each

Box G
Gender in language

Words may refer to males or females, or to things that have become associated with these categories. In English, we find "he" and "she," "actor" and "actress," as well as some less obvious ascriptions (ships as feminine, for instance). Other languages also have a neuter gender (in English, "it" is a neuter pronoun). It can be difficult to understand some gender allocations. In German, for instance, "knife" (*messer*), "fork" (*gabel*), and "spoon" (*löffel*) are, respectively, neuter, feminine, and masculine. In French, *pénis* is masculine—but so is *vagin*. Italian sopranos are masculine, but the sentries are feminine. In both French and Italian the moon (*lune*, *luna*) is feminine, and the sun (*sole*, *soleil*) is masculine; in German, however, the moon (*mond*) is masculine, and the sun (*sonne*) is feminine. *Und so weiter*. And so on. *Et ainsi de suite. E così via*.

understood the other, but different activities and interests, accompanied and reinforced by social and religious taboos, had given rise to differences in actual usage. Perhaps—in principle if not in degree—things have not changed all that much over time and culture.

There are languages in which the sex of the *listener* rather than that of the speaker determines the variant used, and there are others in which the sex of *both* speaker and listener is influential. In many cultures, too, linguistic differences intertwine with conceptions and descriptions of kinship relationships. In the Chiquitano language of Bolivia, a woman says *ichibausi* to mean "my brother," where a man would say *tsaruki*; "my father" is *ishupu* for females, but *ijai* for males. One might argue, perhaps, that this sort of variation does not specifically or primarily implicate gender differences. After all, the relationship of a sister to her brother is not the same as that of brother to brother, and there is no reason why sisters and brothers should refer to other brothers with the same word. These are, then, different words for psychologically different things, rather than different words for the same things.

More familiar to most readers are less rigid language variations across genders: not so much "gender-exclusive" as "gender-preferential." It is a commonly reported generality that women's speech tends to be more "standard" and more "polite" than men's, that women are more conservative in their usage. A seemingly contradictory finding is that, where group language shift is under way, women tend to be early "shifters" to the more prestigious or dominant intruder. But the contradiction weakens with attention to just why women's speech should be more standard than men's. Many explanations link female linguistic conservatism with status-consciousness. If, for instance, women are less socially secure than men, they may wish to gain status through the use of more standard forms. If women have traditionally been less defined by markers of occupation and income, they may make their speech a sort of surrogate status marker. If they are more concerned with their children's lives, they may wish to act as "better" linguistic role models. No doubt all of these possibilities have some explanatory value; none, of course, need be options of which speakers are consciously aware.

At the same time, women swear more often nowadays, at least in Western societies. Occupational and educational levels are relevant, but so is age: the four-letter words I regularly hear used by female undergraduates in the corridors are not nearly so frequent in the mouths of their women instructors, even when the latter are relaxing after work, even when they are in same-sex venues. Studies have also shown that, even in a more linguistically permissive age, there remain some words (fewer than before, no doubt) that women tend not to use. There is swearing and swearing.

If it is incorrect to simply say that men swear more than women do, caution should also be exercised when discussing politeness. Circumstances almost always alter cases, and the frequency, form, and function of polite usage is a matter for inquiry in either gender. Besides, although it is generally accepted as a desirable social lubricant that can make people feel safer and more comfortable, politeness that is seen as excessive or insincere is often associated with subordination, deference, even fawning. This, in turn, may reinforce its feminine connotations. Still, when we consider the regularity with which we hear empty requests ("Have a nice day!"), or have someone tell us who they are, for obviously venal reasons ("Hi! I'm Chuck, and I'll be your waiter this evening"), or are inappropriately reassured ("Hey! No problem"), and when all such noxious utterances blithely cross every conceivable social divide, it is possible to imagine that the currency has become so cheapened that it would be stupid to try and attach any gender nuances to its use.

If women's and men's speech reflects status differences, then matters of social convention—but also dominance and subordination—must be considered. If women are expected to use "better" forms than men, if they are supposed to be more "polite," if their use of profanity and obscenity is more severely sanctioned, then it might reasonably be concluded that they are a group whose linguistic (and other) behavior has limits placed upon it. It is ironic that the forms this limiting takes are often velvet-lined: isn't it good to be polite and to avoid swearing? The fact remains, however, that if women are on some sort of linguistic pedestal in these regards, they have been *placed* there, and pedestals offer little room for movement.

A subordinate social role can imply insecurity, uncertainty, and lack of confidence. It is exactly these features that were elucidated by Robin Lakoff in her studies of women's language in the 1970s. There were a number of difficulties with Lakoff's work, however. Her methodology was questionable, and her analysis was imprecise; her lists of features were hardly comprehensive; and she implicitly adopted a "male-as-norm" perspective. Nonetheless, her attempts to at least begin a classification of recurring gender differences in speech have been widely and favorably recognized.

Among the most interesting features are those involving either overstatement or understatement, because both can suggest nervousness, timidity, and a desire to mollify or to avoid unpleasantness. And these, in turn, are related to gender differences in communication. Men dominate conversations, men interrupt women more than women do men, and women provide more conversational feedback then men, making more encouraging and facilitating remarks during exchanges. This, at least, has been the received wisdom.

It would be easy to see all of this as evidence of clear-cut differences in which comparisons are not generally favorable to women. But what is easy is not always what is correct, and one or two points should be made. The speech characteristics traditionally associated with women are not exclusively theirs, the familiar features do not always signify the same thing, and a dominant-subordinate dichotomy is clearly an insufficiently nuanced perspective.

Consider "tag questions," one of the most widely discussed features of women's speech. Must they *always* imply uncertainty, do they *always* invite the listener to make a correction or at least expand upon a dubious utterance? Some clearly do ("It's a wonderful painting, isn't it?"), but others are better understood as "facilitative," giving the listener a comfortable conversational entry ("You've just changed jobs, haven't you?"), and others still may work to soften a criticism ("That was a bit silly, wasn't it?"). Readers will immediately see that these usages are frequently employed by both men and women. Tags can also be confrontational ("I just *told* you, didn't I?"), in which case readers would be right to believe that men are the more frequent users.

In a careful analysis, Janet Holmes found that most women's tag-question use (about 60 percent) was facilitative, a third expressed uncertainty, and only the small remainder had a mollifying function. Men's use was clearly less facilitative (about 25 percent), but about twice as likely to be used to "soften" or to express uncertainty. These findings seem to turn stereotypes on their heads. Can men's language really be so emollient? Can men really be more uncertain in their opinions than women? And if they are more apt to soften their views, why are they not more facilitative: wouldn't these tend to go together? Well, yes and no. Perhaps men are more linguistically aggressive than are women and hence feel a more frequent need to moderate their expressions. Perhaps they forge too quickly ahead with ill-informed points of view, only to have to back-pedal afterwards.

More fine-grained analyses of gender differences in speech reveal that "women's" features, greater female politeness, increased use of standard variants, and so on may all imply more about genuine facilitative and supportive desires than they do about insecurity and lack of confidence. Helena Leet-Pellegrini has succinctly remarked that men typically ask themselves if they have won in conversational exchanges, while women ponder whether or not they have been sufficiently helpful. This is a little too neat, but a broader point is that men and women may use language for different social purposes, having been socialized in different ways from earliest childhood. Even silence can differentiate: if a man is silent, this may be taken as a sign of care and wisdom, of authority and potency; if a woman is silent, she may be viewed as weak or uncertain. Here is another irony, inasmuch as women in many cultures have had silence imposed upon them in one way or another.

Alleged differences in men's and women's gossip are instructive. The latter is traditionally seen to focus on personal relationships, experiences, and problems, in a generally supportive atmosphere in which "networking" is key. The former is supposedly more concerned with factual information, often in a competitive or combative format (of course, the tradition for men avoids the word "gossip" altogether.) And yet, who could deny the centrality of factual exchange to much of women's networking? Who imagines that men are unwilling or incapable of spending time in idle banter?

There is a large popular literature on miscommunication between men and women, and while some books build upon all-too-real social conventions and stereotypes, there is also a great deal of exaggeration for humorous effect. When ways of curbing miscommunication are discussed, Deborah Cameron suggests, the books turn into self-help guides aimed at women, part of the much larger genre that could be styled "you and your relationship" or, indeed, "how to deal with your man." Other "advice" has told women to speak more like men if they want to be taken seriously, to do well in the corporate world, and so on. At best, then, these are recommendations for adaptation and tolerance rather than reasons for either behavior or stereotypes. Cameron also points out that gender variations are underpinned by power variations: when a husband asks his wife if there is any ketchup, the real message is "(please) bring me some"; if a daughter asks her mother the same thing, she is more likely to be told that the bottle is in the cupboard.

Besides sex or gender differences in language use, there is also the matter of sexist language itself. Leaving aside truly violent or repulsive usage—which, especially if one were to consider image as well as language, is actually increasing, thanks to the ever-more ubiquitous visual media—our culture continues to provide frequent instances of crude, trivializing, stereotyped, or offensive language.

Only a generation ago, it was still possible to find these sorts of examples: "Barrister and woman found dead" (newspaper headline); "Drivers: belt the wife and kids—and keep them safe" (road-safety poster); "If it were a lady, it would get its bottom pinched" (Fiat advertisement). Today, we are a little more careful (not in all quarters, of course), but a caring public face does not necessarily imply an altered private one. Besides, things like "delegates and their wives" sometimes still slip under the radar, despite current attention, omnipresent writers' guidelines, and so on. The linguistics scholar Suzanne Romaine writes of being referred to as the only "lady professor" at Merton College. Not in all quarters, indeed. Given all this, should we try and change society, secure in the knowledge that language change will follow? Should we make attempts at language reform, as a way of speeding the happy day? Is language only a symptom, or could it also be a contributor? Efforts continue and obviously should do so along both fronts. At the level of language change, it is clear that some egregious usages have disappeared, and some new and more appropriate terms have arisen. "Ms." found a permanent place quite quickly, after all.

Otto Jespersen, the great Danish linguist and anglicist, stood at the head of a long line of later authors, both male and female, when he included in his *Language* (1922) a chapter on women—but none on men. The gender-and-language literature used to deal almost exclusively with women, and much of it still does. There are sociological reasons for this. Just as it can be more instructive to study Spanish rather than English language policies in the United States, just as it may be more appropriate to consider the social situation of blacks rather than whites, so a stronger focus on women's language may be more revealing. Still, despite recent advances in both information and social sensitivity, we must take care to avoid treating the speech of one gender as the norm from which that of the other differs or deviates. Why say women are more polite than men, or swear less, or are more conversationally facilitative, or hedge their linguistic bets? Why not ask, rather, why men are ruder, more confrontational, and more unreasonably assertive? An analysis of tag questions that built upon Janet Holmes's insights had as its title "Not gender difference, but the difference gender makes," and this apt phrase is relevant to all investigations in the area.

Naming ourselves

The study of names (onomastics) is a minor interest within sociolinguistics, even though everyone realizes that names are significant. Contemporary research reveals that people whose names are rare or strange can do less well at school; they are called upon less frequently by teachers, and they may receive lower marks. Studies have also shown that different names attached to the same academic work or employment résumé can elicit different assessments. Most parents spend a lot of time thinking about names for their children, and they are right to do so.

The names Faith, Felicity, Patience, and Joy are modern reminders of Puritan practices, in which godly virtues were made into names. Increase Mather was an important figure in seventeenth-century Massachusetts, and Praisegod Barebone gave his name to a parliamentary assembly of 1653. Readers of Patrick O'Brian's sea stories will think of Jack Aubrey's steward, the loyal but surly Preserved Killick. More elaborate naming also occurred along the same lines: some rejoiced in names like Fight-the-Good-Fight Jones and Fear-the-Lord Smith.

Contemporary first names like Courage, Goodwill, Blessed, Lordwin, Goodluck, and Withus remain popular in parts of Africa, legacies of colonialism and proselytism. Even without overtly religious intent, the imposition of foreign names remains a colonial reminder. Rolihlahla Mandela recounts how, on his first day at school, the teacher (Miss Mdingane) told him that his new name would be Nelson. It is not surprising, then, to find that indigenous names are often taken up again in postcolonial settings. In South Africa, the premier of the Eastern Cape went from Arnold to Makhenkesi; the defense minister, from Patrick to Mosioua.

Group names are no less informative. Variants along the lines of "the people of the river" or "the mountain-dwellers" are common, but so are names that simply signify "us" in some way. One may imagine this mild enough, but in many instances the "us" really means "the real people," "the first people" or, indeed, "the human beings." This obviously tells us something about views held of others. Such names are found in many parts of the world—in Japan (the Ainu), in Africa (Bantu and Berber), in North America (Inuit, Cherokee, Salish), and elsewhere. The Asmat of Irian Jaya provide an extreme example; while they are "the human beings," they classify everyone else as *manowe*: the "edible ones."

"Outsiders" are regularly given names that are not of their own choosing, and sometimes these external ascriptions come to dominate. Some of the Dakota ("the friends") became known as Sioux ("snakes"), an abbreviation of a term bestowed upon them by enemies. Many Inuit consider the earlier term "Eskimo" to be a derogatory reference to them as eaters of raw meat. While the

Welsh call themselves *Cymry* (meaning something like "fellow countrymen"), the English name for them derives from the Anglo-Saxon *w(e)alh,* via the Germanic *Wälsche* ("stranger," "foreigner," or even "barbarian"). The Khoisan speakers of southern Africa call themselves *Khoekhoe* ("men of men"), but the Dutch called them Hottentots ("stammerers"). Barbarians and stammerers: the terms are in fact closely associated. The first, signifying all that is brutal, uncouth, and tasteless, is derived from a Greek term for the latter.

The rancor caused by external naming is unsurprising. It can be understood as a specific manifestation of the bitterness arising from "voice appropriation," the practice in which important group myths and legends are largely told by outsiders. This is seen as cultural theft and a continuation of colonialism. Since, in many cultures, the narrative care of sacred or semisacred names, stories, and legends is assigned to certain families or individuals, the injury is exacerbated. Think of the shamans of North America, or the European bards, or the griots of West Africa: they are living libraries, charged with the preservation and transmission of the most central and important group narratives.

But "appropriation" must be put in quotation marks because, no matter how much one may sympathize with individuals and cultures who have been badly treated, the matter is by no means clear-cut. A logical extension of the appropriation argument might lead to the conclusion that no one could ever write about anything beyond one's own immediate experience; only "insiders" could write about their lives and cultures. It would follow, then, that women are never to write about men, blacks never about whites, Germans never about Spaniards. This is a nonsensical imposition that would have stifled a huge proportion of the world's literature and of the knowledge that human beings have of one another. Still, it is easy to understand the grievances that arise when the narrative boundaries that are breached separate groups of significantly different socioeconomic clout. Sauce for the goose may, logically, be sauce for the gander, but real-life inequalities surely suggest some special attention to the less powerful. The more thoughtful commentaries on "voice appropriation" have therefore not stated matters in some either-or fashion but instead have argued about the *degree* of cross-border commentary that might be reasonable, and the circumstances and contexts in which it ought or ought not to occur.

A final note

Name, religion, and gender are three of the most important features of individual and group distinctiveness—and when they are linked with language, even more potent identity marking emerges. The preceding chapters have essentially led to the specifics of this final one, through a consideration of the questions of identity that underpin virtually all aspects of sociolinguistics and the sociology of language. While language is a dynamic entity whose course can be mapped across centuries and cultures, across classes and contexts, it always retains its powerful function as a reflection and a shaper of "groupness" in one form or another. It follows that attitudes toward languages and language varieties—attitudes that reflect perceptions of their speakers—are central components of the "social life of language."

Efforts to "protect" language and keep it free from unwanted contamination are entirely predictable, particularly when the distinction between language as instrument and language as symbol has been understood. Language may be defended on purely instrumental grounds—to maintain clarity and to prevent ambiguity, for example. Deeper prescriptive impulses arise, however, when the integrity and the strength of the linguistic markers of group boundaries are seen to be threatened. Risks here can come from within a language (nonstandard dialects of low social status, for example) or from the external pressures created by large linguistic neighbors. These tensions can fuel attempts to maintain or rejuvenate endangered varieties, but they may also lead to patterns of language shift and loss. Bilingual or bidialectal accommodations may also be sought.

In sum, language is an ever-changing feature of human life and is one of the most revealing windows through which to contemplate our social definitions and interactions.

References

General

Some of the material in this book draws upon information published in my earlier work, several specific references to which are found in the following notes.

Excellent recent overviews of sociolinguistics can be found in Raj Mesthrie, ed., *The Cambridge Handbook of Sociolinguistics* (Cambridge: Cambridge University Press, 2011); Raj Mesthrie, Joan Swann, Andrea Deumert, and William Leap, eds., *Introducing Sociolinguistics* (Edinburgh: Edinburgh University Press, 2009); Martin Ball, ed., *The Routledge Handbook of Sociolinguistics Around the World* (Oxford: Routledge, 2010); Ruth Wodak, Barbara Johnstone, and Paul Kerswill, eds., *The Sage Handbook of Sociolinguistics* (Thousand Oaks, CA: Sage, 2011); and Nikolas Coupland and Adam Jaworski, eds., *Sociolinguistics*, 6 vols. (Oxford: Routledge, 2008). "Globalization" has become a bad word in many quarters, but see Jan Blommaert's balanced treatment in *Sociolinguistics of Globalization* (Cambridge: Cambridge University Press, 2010).

There is also good recent coverage of specific areas, some of it extensive. See Brian Joseph and Hope Dawson, eds., *Historical Linguistics*, 4 vols. (Oxford: Routledge, 2012); Peter Austin and Stuart McGill, eds., *Endangered Languages*, 4 vols. (Oxford: Routledge, 2012); Nancy Hornberger, ed., *Educational Linguistics*, 6 vols. (Oxford: Routledge, 2011). The scope of the last collection is considerably wider than its title implies. James Simpson's single-volume collection, *Handbook of Applied Linguistics* (Oxford: Routledge, 2011), is also useful. These and other titles remind readers that sociolinguistic matters are often discussed under other, related headings. For example, in a citation in Simpson's book, Chris Brumfit observes that applied linguistics deals with "investigation of real-world problems in which language is a central issue" (p. 2). While applied linguistics is often seen as a component in decision or policy making, this thrust obviously overlaps with matters also treated under the rubric of sociolinguistics: a clear demonstration of this can be found in Christopher Hall, Patrick Smith, and Rachel Wicaksono, eds., *Mapping Applied Linguistics* (Oxford: Routledge, 2011); and Li Wei and Vivian Cook, eds., *Contemporary Applied Linguistics*, 2 vols. (London: Continuum, 2009).

Chapter 1: Coming to terms

Suketoshi Tanabe published *Gengo-shakaigaku* in 1936 (Tokyo: Nikko Shoin); the title may be given as *Sociolinguistics* or *Sociology of Language*. See also Thomas Hodson, "Sociolinguistics in India," *Man in India* 19 (1939); and Haver Currie, "A Projection of Socio-linguistics: The Relationship of Speech to Social Status," *Southern Speech Journal* 18 (1952): 28–37.

For languages as "separable and enumerable" categories, see Sinfree Makoni and Alastair Pennycook, *Disinventing and Reconstituting Languages* (Bristol: Multilingual Matters, 2007), 2. For "colorless green ideas sleep furiously," see Noam Chomsky, *Syntactic Structures* (The Hague: Mouton, 1957), 15. Max Weinreich reported (but did not coin) the phrase, "a language is a dialect that has an army and navy" in "Der YIVO un di problemen fun undzer tsayt," *YIVO-Bleter* 25 (1945): 3–18. Maurice Olender referred to the "academic identity card" provided by Sir William "Oriental" Jones, in "Europe, or How to Escape Babel," *History and Theory* 33 (1994): 5–25, quote on 8. The extract in box A is taken from the "discourse" delivered by William Jones to the Asiatick Society of Bengal in 1786.

Chapter 2: Variation and change

Principles of Linguistic Change is William Labov's three-volume work (Oxford: Wiley-Blackwell, 1994–2010). See also Robert Bayley and Ceil Lucas, eds., *Sociolinguistic Variation* (Cambridge: Cambridge University Press, 2007); Jack Chambers, *Sociolinguistic*

Theory: Linguistic Variation and Its Social Significance (Oxford: Wiley-Blackwell, 2009); and Peter Trudgill, *Sociolinguistic Variation and Change* (Georgetown: Georgetown University Press, 2002). More focused works include Warren Maguire and April McMahon, eds., *Analysing Variation in English* (Cambridge: Cambridge University Press, 2011); and Nancy Dorian, *Investigating Variation* (Oxford: Oxford University Press, 2010). *Language Variation and Change* is a Cambridge journal, published since 1989.

The Dickens extracts are from *David Copperfield*, chaps. 39 and 61. For "does 'news' sound like . . ." see Stefan Dollinger, "The Written Questionnaire as a Sociolinguistic Data Gathering Tool: Testing its Validity," *Journal of English Linguistics* 40 (2012): 74–110, quote on 74. Dollinger also discusses Wenker's nineteenth-century work in Germany.

For Labov's work in Massachusetts and New York, see his *Sociolinguistic Patterns* (Philadelphia: University of Pennsylvania Press, 1972). The direct citations are from his article, "Some Principles of Linguistic Methodology," *Language in Society* 1 (1972): 97–120, quotes on 109 and 113. For the follow-up work mentioned here, see Renée Blake and Meredith Josey, "The /ay/ Diphthong in a Martha's Vineyard Community," *Language in Society* 32 (2003): 451–85; and John Tierney, "Can We Talk?" *New York Times Magazine*, January 1995, 16. Labov's other famous study is reexamined in Patrick-André Mather, "The Social Stratification of /r/ in New York City: Labov's Department Store Study Revisited," *Journal of English Linguistics* 40 (2012): 338–56.

The material in box B is taken from Peter Trudgill, *Accent, Dialect and the School* (London: Edward Arnold, 1975). For *hambag*, see Jean Aitchison, *Language Change* (London: Fontana, 1981), 135. For *in'* and *ing* endings, see ibid., 80; Mark Liberman's "Language Log" (www.languagelog.ldc.upenn.edu) for May 10, 2004; and John Fischer, "Social Influences on the Choice of a Linguistic Variant" *Word* 14 (1958): 47–56. For the work reviewed by Lynda Mugglestone, see her *Talking Proper* (Oxford: Oxford University Press, 1995); the direct quotations are found on 106, 108, and 127; see also Raymond Chapman, *Forms of Speech in Victorian Fiction* (London: Longman, 1994).

For hypercorrection, see William Labov, *Sociolinguistic Patterns* (Philadelphia: University of Pennsylvania Press, 1972); Charles Boberg,

"The Attitudinal Component of Variation in American English Foreign <a> Nativization," *Journal of Language and Social Psychology* 18 (1999): 49–61; and Katherine Jones, *Accent on Privilege* (Philadelphia: Temple University Press, 2001). On covert prestige, see Peter Trudgill, *Sociolinguistics* (London: Penguin, 2000). For three books with the word "Bullshit" in their titles, see Harry Frankfurt, *On Bullshit* (Princeton, NJ: Princeton University Press, 2005); Nick Webb, *The Dictionary of Bullshit* (London: Robson Books, 2005); and Laura Penny, *Your Call Is Important to Us: The Truth about Bullshit* (Toronto: McClelland & Stewart, 2005).

For George Orwell on effeminacy, see his *Inside the Whale and Other Essays* (London: Penguin, 1964), 74. On switching behavior, see Shana Poplack, "Sometimes I'll Start a Sentence in English *y terminó en español*," *Linguistics* 18 (1980): 581–618). For Jack Chambers's observation, see his *Sociolinguistic Theory* (Oxford: Wiley-Blackwell, 2009), 206.

Chapter 3: Perceptions of language

For the best recent overview, see Peter Garrett, *Attitudes to Language* (Cambridge: Cambridge University Press 2010). See also Howard Giles and John Edwards, "Attitudes to Language: Past, Present and Future," in *The Routledge Linguistics Encyclopaedia*, ed. Kirsten Malmkjær (Oxford: Routledge, 2010). For the most recent brief overview of "amateur" views of language, see Antje Wilson and Martin Stegu, eds., *Applied Folk Linguistics* (Amsterdam: Benjamins, 2011). The "matched-guise" technique made its first appearance in Wallace Lambert, Robert Hodgson, Robert Gardner, and Steven Fillenbaum, eds., "Evaluational Reactions to Spoken Languages," *Journal of Abnormal and Social Psychology* 60 (1960): 44–51. A great deal of subsequent work was done by Howard Giles and his colleagues: for an overview, see Howard Giles and Mikaela Marlow, "Theorizing Language Attitudes," in *Communication Yearbook* 35, ed. Charles Salmon (Oxford: Routledge, 2011).

My Dublin study is "Students' Reactions to Irish Regional Accents," *Language and Speech* 20 (1977): 280–86. On African American vernacular English, see William Labov, *Language in the Inner City* (Philadelphia: University of Pennsylvania Press, 1976).

For RP as the "most pleasing and sonorous form" of English, see Henry Wyld, *The Best English* (Oxford: Clarendon, 1934), 3. As the “most subtle and most beautiful”: see Robert Chapman “Oxford English,” *Society for Pure English* 4, no. 37 (1932): 562. The Canadian journalist referred to is Russell Smith; see his “Who Knew ‘nooz’ Was About Morality?” *Globe & Mail* (Toronto), 20 December 2007. On the “imposed norm” and “inherent value” studies, the “minority-group reaction,” and the persistence of low-status varieties, see the work of Howard Giles, Wallace Lambert, Ellen Ryan, and their colleagues, in John Edwards, *Language and Identity* (Cambridge: Cambridge University Press, 2009). Michael Halliday’s comment is from his “The Users and Uses of Language,” in *Readings in the Sociology of Language*, ed. Joshua Fishman (The Hague: Mouton, 1968), 165. For the anecdote reported in box C, I am indebted to Robert Zecker.

The discussion of discourse analysis is drawn largely from chap. 2 in Edwards, *Language Diversity in the Classroom* (Bristol: Multilingual Matters, 2010). See also Jan Blommaert’s *Discourse* (Cambridge: Cambridge University Press, 2005); James Gee and Michael Handford, eds., *Routledge Handbook of Discourse Analysis* (Oxford: Routledge, 2011); and Christina Paulston, Scott Kiesling, and Elizabeth Rangel, eds., *The Handbook of Intercultural Discourse and Communication* (New York: Wiley-Blackwell, 2012).

For “language and the social world are mutually shaping . . .” and “situated language use,” see Ben Rampton, Karin Tusting, Janet Maybin, Richard Barwell, Angela Creese, and Vally Lytra, “U.K. Linguistic Ethnography” (www.ling-ethnog.org.uk/documents/papers/ramptonetal2004.pdf; accessed September 2012), 2. On the classroom contributions of boys and girls, see Allyson Julé, *Gender, Participation, and Silence in the Classroom* (London: Palgrave-Macmillan, 2004). For “an extraordinarily high ratio . . .” see James Coleman, “Review of *Studies in Ethnomethodology*,” *American Sociological Review* 33 (1968): 126–30, quote on 130. For “political discourse, media . . . ,” “upfront about its own . . .” and “representativeness, selectivity . . .” see Jan Blommaert, *Discourse* (Cambridge: Cambridge University Press, 2005), 6, 21, and 31. For “discourse analysis with attitude,” see Teun van Dijk, “Multidisciplinary CDA: A Plea for Diversity,” in *Methods of Critical Discourse Analysis*, ed. Ruth Wodak and Michael Meyer (Thousand Oaks, CA: Sage, 2001), 96. Henry Widdowson’s observation is in his *Text, Context, Pretext: Critical Issues in Discourse Analysis* (Oxford: Wiley-Blackwell, 2004), 173.

The 600-page study is Alan Grimshaw's *Collegial Discourse* (Norwood, NJ: Ablex, 1989); his later comments are from his edited collection, *What's Going on Here?* (Norwood, NJ: Ablex, 1994); see especially 453. For the famous 1:1 map, see Jorge Luis Borges, *Collected Fictions* (London: Penguin, 1999). And, for "students of spoken interaction," see the last page of Alan Firth's review of Grimshaw's two books, *American Journal of Sociology* 101 (1996): 1487–92.

Chapter 4: Protecting language

For a discussion of Claude Favre de Vaugelas, and for the observation about Cardinal Richelieu, see Robert Hall, *External History of the Romance Languages* (New York: Elsevier, 1974), 180. On the dialects of Gascony, etc., see Douglas Kibbee, "Patriotic Roots of Prescriptivism" (paper presented at the "Prescriptivism and Patriotism" conference, Toronto, 2009). Randolph Quirk wrote about "amateur do-gooders" and Webster's "odious distinctions" in his *Style and Communication in the English Language* (London: Edward Arnold, 1982), 65 and 99. For the "force of common usage," see Glendon Drake, *The Role of Prescriptivism in American Linguistics, 1820–1870* (Amsterdam: Benjamins, 1977), 9. See Lynda Mugglestone, "Patriotism, Empire and Cultural Prescriptivism" (paper presented at the "Prescriptivism and Patriotism" conference, Toronto, 2009) for "a good language . . ." and "patriotic endeavour."

The single most comprehensive overview of language planning is that of Robert Kaplan and Richard Baldauf, *Language Planning: From Practice to Theory* (Bristol: Multilingual Matters, 1997); Kaplan and Baldauf are also the editors of the Routledge journal, *Current Issues in Language Planning* (established 2000). A more venerable journal is *Language Problems and Language Planning*, established in 1977 and edited by Humphrey Tonkin for Benjamins. The citation of Elie Kedourie can be found on page 125 of his *Nationalism* (Westport, CT: Praeger, 1961).

The quotation about "functioning ecologies" is in Peter Mühlhäusler's "Language Planning and Language Ecology," *Current Issues in Language Planning* 1 (2000): 306–67, quote on 308. For "ancestral cultures . . ." and "only one language . . . ," see Salikoko Mufwene, "Colonisation, Globalisation and the Future of Languages in the Twenty-first Century," *International Journal on Multicultural Societies* 4 (2002): 162–93, quotes on 176 and 177–78. For "without romanticizing . . .," see Tapani Salminen, "Minority Languages in a Society in Turmoil," in *Endangered Languages*, ed. Nicholas Ostler (Bath: Foundation for Endangered Languages, 1998), 62. The fulsome book dedication is by Luisa Maffi, in her collection, *On Biocultural Diversity* (Washington, DC: Smithsonian Institution, 2001). Frank Polzenhagen and René Dirven provide the comment about "pronounced anti-globalisation . . ." in "Rationalist or Romantic Model in Language Policy and Globalisation" (paper presented at the "Linguistic Agency" conference, Landau, 2004). Peter Mühlhäusler asks scholars to be "shop stewards for linguistic diversity" in his *Linguistic Ecology* (Oxford: Routledge, 1996), 2.

Chapter 5: Languages great and small

The translator of Lucretius is Ronald Latham; the citation is in *On the Nature of the Universe* (London: Penguin, 1973), 15. For Voltaire's remark about German, see John Waterman, *A History of the German Language* (Seattle: University of Washington Press, 1966), 138. For the various sentiments cited in the paragraph beginning "In the early seventeenth century . . . ," see Tony Crowley's *Standard English and the Politics of Language* (London: Palgrave-Macmillan, 2003); see also Ronald Wardhaugh, *Languages in Competition* (Oxford: Blackwell, 1987); Lynda Mugglestone's *Talking Proper* (Oxford: Oxford University Press, 1995); and Raymond Chapman, *Forms of Speech in Victorian Fiction* (London: Longman, 1994).

For Robert of Gloucester's observation, see Charles Barber, *The English Language* (Cambridge: Cambridge University Press, 1993), 136. Fuller details of John Florio (box D) can be found in Frances Yates, *John Florio* (Cambridge: Cambridge University Press, 1934).

See Sue Wright, *Language Policy and Language Planning* (London: Palgrave-Macmillan, 2004), 168, for "the acceptance of English . . ."; see also David Crystal, *English as a Global Language* (Cambridge: Cambridge University Press, 2003) and *Language and the Internet* (Cambridge: Cambridge University Press, 2006); and Joshua Fishman, Andrew Conrad, and Alma Rubal-Lopez, eds., *Post-imperial English* (The Hague: Mouton de Gruyter, 1996).

For the stance taken by Ngũgĩ wa Thiong'o, see his "On Writing in Gikuyu," *Research in African Literatures* 16 (1985): 151–55 and

Decolonising the Mind (London: Currey, 1986); see also Chinua Achebe, *Morning Yet on Creation Day* (New York: Doubleday, 1975).

Chapter 6: Loyalty, maintenance, shift, loss, and revival

For Fredrik Barth's views on cultural continuity, see his edited collection, *Ethnic Groups and Boundaries* (Boston: Little, Brown, 1969). For "the lack of will to stop shrinking . . ." see Desmond Fennell, "Can a Shrinking Linguistic Minority Be Saved?" in *Minority Languages Today*, ed. Einar Haugen, J. Derrick McClure and Derick Thomson (Edinburgh: Edinburgh University Press, 1981), 38.

On "penury, drudgery and backwardness," see Caoimhín Ó Danachair, "The Gaeltacht," in *A View of the Irish Language*, ed. Brian Ó Cuív (Dublin: Government Stationery Office, 1969), 120. For "toil, hardship and scarcity" and "refinement and culture," see Charles Dunn, *Highland Settler: A Portrait of the Scottish Gael in Nova Scotia* (Toronto: University of Toronto Press, 1953), 134. John Lorne Campbell's "Scottish Gaelic in Canada," *American Speech* 11 (1936): 128–36, quote on 130, is the source of "carried with them the idea that. . . ." The citations from Ernest Renan are from his famous 1882 discourse, "Qu'est-ce qu'une nation?"; see Henriette Psichari, ed., *Oeuvres complètes de Ernest Renan* (Paris: Calmann-Lévy, 1947), 899 and 903.

The quotation from Joshua Fishman is in his "Whorfianism of the Third Kind," *Language in Society* 11 (1982): 1–14, quote on 8; see also his *Reversing Language Shift* (Bristol: Multilingual Matters, 1991).

Chapter 7: Multilingualism

Nikolas Coupland's *Style* (Cambridge: Cambridge University Press, 2007) and Susan Gass and Alison Mackey, eds., *The Routledge Handbook of Second Language Acquisition* (Oxford: Routledge, 2011) are recommended.

For Whorfianism and the Inuit, see Geoffrey Pullum, *The Great Eskimo Vocabulary Hoax* (Chicago: University of Chicago Press, 1991); and Edwards, *Language and Identity* (Cambridge: Cambridge University Press, 2009). Sherlock Holmes made his observation to Watson in *A Study in Scarlet* (London: Ward Lock, 1887). James Murray's letter may be found in his granddaughter's biography,

Caught in the Web of Words (New Haven, CT: Yale University Press, 1977), 70.

On "the use of a foreign language in the home . . ." see Florence Goodenough's "Racial Differences in the Intelligence of School Children," *Journal of Experimental Psychology* 9 (1926): 388–97, quote on 393. For the later bilingualism studies mentioned here, see Edwards, *Multilingualism* (London: Penguin, 1995), and "Bilingualism and Multilingualism," in *Handbook of Bilingualism and Multilingualism*, ed. Tej Bhatia and William Ritchie (New York: Wiley-Blackwell, 2013). The citations about "mental flexibility" and the "correlational problem" are in Robert Gardner and Wallace Lambert's *Attitudes and Motivation in Second-Language Learning* (Rowley, MA: Newbury House, 1972), 277.

Orwell's observation about "sheer dirtiness of fighting . . ." first appeared in his "As I Please" column, *Tribune* (UK), 28 January 1944. On the readily available data for Esperanto, see James Lieberman, "Esperanto and Trans-national Identity," *International Journal of the Sociology of Language* 20 (1979): 89–107, quote on 100. For the references to Dryden, Rieu, and Škvorecký, see my *Multilingualism* (London: Penguin). George Steiner's note about "hoarded dreams" is found in his *After Babel* (Oxford: Clarendon, 1992), 244.

Chapter 8: Name, sex, and religion

Good recent studies of language and religion include Tope Omoniyi's two edited works, *The Sociology of Language and Religion* (London: Palgrave Macmillan, 2010) and (with Joshua Fishman) *Explorations in the Sociology of Language and Religion* (Amsterdam: Benjamins, 2006). For further details regarding the section on religion, see Edwards, *Language and Identity* (Cambridge: Cambridge University Press, 2009). The Thomas Hobbes citations are from *Leviathan* (London: Crooke, 1651); see pages 12–13 in the Dent edition (1973); Max Müller's quotes are in his *Lectures on the Science of Language* (London: Longman, 1862), 129 and 135. See also Umberto Eco's *Search for the Perfect Language* (Oxford: Blackwell, 1995).

Fullerton's observation is in his *Prudence of St. Patrick's Irish Policy* (Dublin: O'Brien & Ards, 1916), 6. For the absence of Gaelic-speaking laborers, see Donald Meek, "God and Gaelic," in *Aithne na nGael—Gaelic*

Identities, ed. Gordon McCoy and Maolcholaim Scott (Belfast: Queen's University Institute of Irish Studies), 44.

Fuller discussion of the Summer Institute of Linguistics, of the material in box G, and of the now politically incorrect gender usages will be found in Edwards, *Language and Identity*. Comenius's observations are from his *Via Lucis Vestigata et Vestiganda*, first published in 1668; see Ernest Campagnac's translation (Liverpool: Liverpool University Press, 1938), 226–27. On the *mysteria fidei*, see Dilwyn Knox, "Ideas on Gesture and Universal Languages, ca. 1550–1650," in *New Perspectives on Renaissance Thought*, ed. John Henry and Sarah Hutton (London: Duckworth, 1990), 127.

On the Carib and South American Indians, see Peter Trudgill's *Sociolinguistics* (London: Penguin, 2000); the direct quotation referring to the seventeenth-century report is on 65. Robin Lakoff's work first found book form in *Language and Woman's Place* (New York: Harper & Row, 1975). See also Janet Holmes, *Introduction to Sociolinguistics* (London: Longman, 1992); Sara Mills, *Gender and Politeness* (Cambridge: Cambridge University Press, 2006); Deborah Cameron and Don Kulick, *Language and Sexuality* (Cambridge: Cambridge University Press, 2003); and Deborah Cameron, *Verbal Hygiene* (Oxford: Routledge, 1995). Helena Leet-Pellegrini's remark is in her "Conversational Dominance as a Function of Gender and Expertise," in *Language: Social Psychological Perspectives*, ed. Howard Giles, Peter Robinson, and Philip Smith (Oxford: Pergamon, 1980). Suzanne Romaine is the Merton "lady professor" noted in *Communicating Gender* (Hillsdale, NJ: Erlbaum, 1999); "Not Gender Difference but the Difference Gender Makes" is the title of an article by Deborah Cameron, *International Journal of the Sociology of Language* 94 (1992): 13–26.

For names in Africa, see Busi Makoni et al., "Naming Practices and Language Planning in Zimbabwe," *Current Issues in Language Planning* 8 (2007): 437–67; see also Nelson Mandela, *Long Walk to Freedom* (Boston: Little, Brown, 1994). George Stewart's *Names on the Globe* (Oxford: Oxford University Press, 1975) provided much useful information about group names.

"牛津通识读本"已出书目

古典哲学的趣味
人生的意义
文学理论入门
大众经济学
历史之源
设计，无处不在
生活中的心理学
政治的历史与边界
哲学的思与惑
资本主义
美国总统制
海德格尔
我们时代的伦理学
卡夫卡是谁
考古学的过去与未来
天文学简史
社会学的意识
康德
尼采
亚里士多德的世界
西方艺术新论
全球化面面观
简明逻辑学
法哲学：价值与事实
政治哲学与幸福根基
选择理论
后殖民主义与世界格局

福柯
缤纷的语言学
达达和超现实主义
佛学概论
维特根斯坦与哲学
科学哲学
印度哲学祛魅
克尔凯郭尔
科学革命
广告
数学
叔本华
笛卡尔
基督教神学
犹太人与犹太教
现代日本
罗兰·巴特
马基雅维里
全球经济史
进化
性存在
量子理论
牛顿新传
国际移民
哈贝马斯
医学伦理
黑格尔

地球
记忆
法律
中国文学
托克维尔
休谟
分子
法国大革命
民族主义
科幻作品
罗素
美国政党与选举
美国最高法院
纪录片
大萧条与罗斯福新政
领导力
无神论
罗马共和国
美国国会
民主
英格兰文学
现代主义
网络
自闭症
德里达
浪漫主义
批判理论

德国文学
戏剧
腐败
医事法
癌症
植物
法语文学
微观经济学
湖泊
拜占庭
司法心理学
发展
农业
特洛伊战争
巴比伦尼亚
河流
战争与技术
品牌学
数学简史
儿童心理学
时装
现代拉丁美洲文学
卢梭
隐私
电影音乐
抑郁症
传染病
希腊化时代
知识
环境伦理学
美国革命
元素周期表
人口学
社会心理学
动物
项目管理
美学
管理学
电影
俄罗斯文学
古典文学
大数据
洛克
幸福
免疫系统
银行学
景观设计学
神圣罗马帝国
大流行病
亚历山大大帝
气候
第二次世界大战
中世纪
工业革命
传记
公共管理
社会语言学